以前跑白宮新聞的亞洲記者很少，就只有我厚著臉皮天天拚命舉手、舉手、再舉手，當著全美國主流電視台的攝影機鏡頭，拿著台上的白宮發言人練英文。我是一個記者，我的工作就是如實報導，只有敢，才有機會，才能將事實帶給觀眾與讀者。

選出美國總統的過程曠日費時，參選人光從宣布參選到初選結束，就能花掉一整年的時間。由於鄉村條件不足，歐巴馬大多數的造勢活動，都乾脆在剛收割完的玉米田上舉辦。台上往往只有一個木製的簡易平台讓他進行演説，老百姓則坐在捆紮成堆的乾玉米稈上。
在華盛頓時總是精神緊繃，每一句話都要思考老半天才吐得出來的歐巴馬，在為競選連任下鄉跑行程時，完全脱胎換骨，回到世人所熟悉的模樣：精力充沛、口若懸河。
圖為歐巴馬於 2011 年 8 月 16 日，在愛荷華州進行演説的一景。

無視在野黨反對，強行通過全民健保法案的歐巴馬，引發了連他自己都沒有預料到，之後會徹底改變美國、最終甚至間接促成川普上台的茶黨崛起與占領運動。2010 年 9 月，上千名抗議人士舉著巨大的美國國旗，不少人全身上下還都穿著有美國國旗圖案的衣飾，有人手舉「難道是神用歐巴馬健保來懲罰我們嗎？」的牌子，還有人將歐巴馬的大頭照修成了上圖中蝙蝠俠裡的瘋狂小丑，諷刺意味十足。

在歐巴馬連任過後一年半，爆發了他任內最重大的種族衝突——弗格森（Ferguson）事件。事件起因是當地一位手無寸鐵的年輕黑人，被白人警察連開六槍擊斃，導致引發大規模的動亂。當時我穿著防彈衣，穿梭在數量龐大的示威者以及重裝戒備的軍警間，尋找混亂中的間隙採訪。

由於導致弗格森事件的白人警察被大陪審團決定不予起訴，引發了更大規模的暴力衝突。當地街頭催淚瓦斯瀰漫，槍聲四起，警車被焚燒，十多間商家也被縱火燒毀。圖中的華人中餐館「湖南雜碎」，在第二次動亂中付之一炬，滿地都是焦黑的木板與生鏽的鐵釘，柏油路燒到破裂露出黃土，瓦斯桶與鐵管面目全非，招牌則在大火中融化了一半。

當初歐巴馬打著「改變」的旗號出線，擊敗一批老牌的政治人物。但是越來越多人已經沒有耐心再繼續等待「漸進」的改變，他們想要看到美國出現巨大的變革，希望「立即」見效——不是候選人改變了社會，而是社會已經改變。抓住這一改變契機的候選人，就會出線。於是川普便舉著「讓美國再次偉大」的大旗上位，而美國社會的這股反撲力量，也會持續影響未來的美國，乃至於世界局勢的發展。
圖為川普於 2016 年 2 月 8 日，在新罕布夏州為初選進行演說的一景。

川普上台後簽署的第一道行政命令，就是要廢除歐巴馬健保。此時共和黨占參、眾兩議院多數，川普原以為此事易如反掌，但共和黨內部的分歧最終導致廢除案以失敗告終，讓他甫上任就遭到挫敗。

圖為 2017 年 3 月 24 日，川普面如死灰地坐在他的大辦公桌後，向記者宣布敗局。

圖右為副總統彭斯，圖左為後來因為濫權請辭的前衛生與公共服務部部長湯姆．普萊斯（Tom Price）。

為了選上美國總統，川普針對逐日衰落的傳統產業大開支票，甚至連採煤工作都敢許下承諾，而這可是從上世紀八〇年代以來，沒有一個總統敢打的包票。

我實地前往以產煤為主要產業的賓州小鎮，舉目所見只是一座座光禿的「黑山」。這裡幾乎沒有所謂的道路，只有木炭鋪出來的黑色軌跡。路旁四處散落著生鏽的挖土機和器械，甚至就直接翻倒在路邊，看起來已經荒廢許久。

無論在哪裡，每個人都希望找回自己的工作。也許有人真心相信川普，也許有人只是死馬當活馬醫。在這個煤炭小鎮，彷彿看見了票投川普的美國社會縮影。

白宮義見

張經義——著
Ching-Yi Chang

首位華人白宮記者直擊！
美國權力核心的真實面貌

序言

始終在現場，帶你讀懂白宮，看懂美國

在寫序時，我人在零下十度的瑞士達沃斯（Davos），報導世界經濟論壇，世界各國政府代表都與會了——除了美國。

我本來是跟著白宮記者團來報導川普的，結果他沒來。川普原想改派代表來，結果代表也來不了，因爲就在川普執政滿兩週年之際，美國聯邦政府居然關門了。

就算一個美國官員都沒來，就算在距離美國千里之外的冰天雪地裡，美國仍是論壇焦點。公開或私下，明裡或暗裡，無論是好的還是壞的，人們都持續談論著美國。

這就是現實，要講國際事務，要談世界經濟，想繞過美國，很難。

美國在這個世界上，既是備受追捧的國家，也是受到最多批評的國家。在支撐起全球二戰後的國際秩序時，卻也愛秀肌肉，觸角伸進多國事務。幾十年來，美國在引領世界經濟蓬勃發展時，卻也會不負責任地，引爆全球經濟危機。

美國是一個矛盾複合體，她可以在一年前聯合全球簽成《巴黎氣候協定》，一年後卻獨自退出；可以在兩年前達成《跨太平洋夥伴關係協定》，兩年後卻說變臉就變臉。人們對她又愛又恨，摸不清頭緒。

美國之所以充滿矛盾，在我眼裡，與川普政府有關，卻不是直接相關；因爲她的矛盾是長期的，是內發然後外溢的。像是美國既是種族大熔爐，卻有著最難解的種族問題；始終追求自由，卻也放任擁槍，導致大規模槍殺不斷。而作爲最老牌的民主國家，她的民主卻越來越難以作爲全球典範，而是走向兩個極端，兩黨的意識形態也導致內耗嚴重。這一些內發的矛盾，都對美國在國際上的角色產生影響。

在美國從事記者工作超過十年，其中，有八年以上時間都在白宮——六年歐巴馬，兩年川普——讓我有機會充分地探索這個國家，釐清頭緒。

作爲白宮記者團唯一的華人成員，我不只有其他中文媒體記者沒有的機會，能夠在白宮近距離觀察美國總統、政府高官，還有機會飛過雪嶽、跨過沙漠，踏足美國大大小小超過一百個鄉鎮與城市。甚至還能將視角轉向海外，從毗鄰北極的芬蘭到接壤南極的阿根廷，從嚴寒的俄羅斯到酷熱的新加坡，探尋美國在這些國家留下的印記。

在白宮記者之路上，我與成百上千的美國人有過對話，與在世的五位美國總統中的四位有過交流。我一直在現場，記錄下在眼前發生的即時歷史，然後，把我對美國的深刻了解，透過十年的時光，凝聚成這一本《白宮義見》。

——

我熱愛新聞，就像熱愛生命那樣。

就算如此，我還是從沒想過有一天會成爲一位駐美記者，甚至成爲白宮記者。如果我阿公還在的話，他應該會很高興，不過，他知道美國，但可能不知道什麼是白宮。

我也沒有比較好。起碼在十多年前，我對白宮也一知半解，只是透過翻譯的新聞或書籍知道白宮——僅僅是知道而已，但並不清楚。

和多數的大家一樣，我們都出身平凡，幸運的是，我們都出生在人類歷史上最不可思議的時代，在經歷數千年緩慢的歷史進程後，突然在短短的一代和兩代時間內，人類生活的品質和眼界的擴展都出現飛越式的突破，在生活無虞後，我們當中有許多人開始能對遠方有所憧憬，也能努力實踐夢想。

我也是。我始終想做國際新聞，去看世界，然後告訴這個世界我所看到的。

不過，一開始對於怎麼實現，我並不清楚，只是埋著頭在新聞路上拚命往前走。沿途有晴天也有雨天，但，我始終相信築夢踏實，總有一天咱會出頭天。

所幸，像我阿公和爸爸一樣，第一份工作接觸到了什麼，就這麼定了。我總覺得，既然每個人每天都是二十四小時，與其花時間想東想西，不如想著怎麼在自己的領域做得更好。二十四歲時，我踏上了記者之路。這些年，我從月刊做到週刊，從日報做到電視台，然後開始做新媒體。儘管新聞載體不同，但，我追求原創、追求現場的初衷始終不變，而這十幾年來，我的頭銜也始終一樣，就是「記者」兩個字。

只是沒想到，在三十一歲時，我記者頭銜前，加上了「白宮」兩個字。

能成爲白宮記者，是因緣際會，也是一步一腳印。因爲和過去一樣，在接下新聞任務後，我只知道埋頭往白宮跑，就這樣，一直在白宮裡跑到被衆人看見，於是才得到之前沒有任何中文媒體記者有的白宮入場券，能深入了解白宮的實際運作，從中看清美國的樣貌，而不再是透過翻譯的新聞與書籍去略窺一二。

所以八年來，我一直很努力地，從白宮爲觀衆帶來第一手的報導與觀察。

還記得歐巴馬的第一任期，我剛跑白宮新聞時，曾一度懷疑過這時代記者在現場的必要性。

當時，蘋果手機剛開通「推播」的功能，我那時人正坐在白宮新聞發布室看著台上的白宮發言人回答問題，他話一講完，三十秒就成了新聞推播到我手機上，我收到推播時都震驚了，因為白宮記者會根本還沒結束，我甚至還沒回到辦公室做新聞，但新聞卻早已透過手機傳遍全球。

加之，手機的發達，某種程度上，也讓人人都能發「新聞」了，那記者存在的意義究竟為何？

後來，我慢慢清楚，因為在現場，我能從我們的角度帶回我們關切的新聞，而不是西方人關切的新聞；因為在現場，我能提問我們在乎的議題，而不是隨美國媒體選擇的議題而起舞；因為在現場，我能在第一線觀察並帶來準確的新聞，而不是求快的誤報，甚至是誤導的「假新聞」。

也是因為一直在現場，所以本書中的許多篇章，儘管有些時日，仍能夠透過當時拍攝下的畫面再次確認準確無誤。同時，從事新聞工作十多年，我始終維持記筆記的習慣，一面記下受訪者的言論，一面記下我在現場的感受，那是言語難以表達的五官感受。這些，都讓我能在書裡忠實呈現新聞事件現場，讓讀者身歷其境。

本書將由我是如何從連英文都說不好，到初入白宮，到成爲白宮記者協會百年來第一個中文媒體成員開始述說。

接著，在第二章和第三章，我將談歐巴馬八年任期中遭遇到的內政挑戰。外交畢竟是內政的延伸，要讀懂美國，了解美國內政是不可或缺的。同時，我也將探討歐巴馬是否爲川普的當選鋪了路，以及歐巴馬究竟給美國留下哪些遺產與後遺症。

第四章則是我對二〇一六年大選的全紀錄，從初選第一站的愛荷華州，到大選之夜的紐約市，那年重要的大選關鍵時刻我幾乎一場都沒錯過。在選後，我還特別深入煤礦區，探究面對美國史上最不受歡迎的兩位總統候選人，人們爲什麼最終選了川普？又爲什麼媒體對希拉蕊是一片誤判？

最後一章，則是川普上任近兩年來，我在白宮與在海外對他的近距離觀察，剖析川普爲何如此行事，揭露川普爲何老批媒體假新聞，還有「通俄門」的來龍去脈，以及對美國會造成什麼衝擊。最後，我從完整經歷二〇一二與二〇一六美國大選的觀察，預想二〇二〇年大選的可能走勢，以及美國可能會往何處去。

「你不能騙人，至少不能長期騙下去。你可以製造高潮，可以進行完美的宣傳，可以利用各式各樣的媒體，還可以有些誇大其詞。但是，你如果遲遲不兌現，人們終將醒悟過來。」

三十年前，商人川普在他的暢銷書《交易的藝術》（*Trump: The Art of the Deal*）中這麼說；三十年後，總統川普持續這麼做，他十分清楚不兌現的後果，於是才有爲了實踐在美墨邊境築牆的競選承諾，而不惜讓美國政府關門的舉動。對他來說，關門事小，食言事大。

作爲可以說是美國近代最早投入競選連任的總統，他持續高歌挺進，在沒有任何民主黨人宣布投入參選總統時，他就已打破紀錄，募款超過一億美元。不只如此，共和黨全國委員會也傳出要修改制度，避免任何人挑戰川普的候選人資格。最重要的是，無論有多少爭議，川普在共和黨人中的民調支持度幾乎從沒低於八成過。也就是說，川普有錢、有選票，還有共和黨全國委員會的支持，對至今仍然紛亂的民主黨儼然構成難以企及的巨大挑戰。

毋庸置疑，選情和大勢仍是千變萬化的，但希望《白宮義見》將不只帶你看懂二〇二〇，也對你看懂接下來美國局勢的發展，有所幫助。

新聞工作從來就不是一個人能單獨完成的，永遠需要團隊，特別是電視新聞。在這裡，我要感謝每一位曾經或持續和我在新聞路上一起前行的人們，特別要感謝的，莫過於我最堅強的後盾，東方衛視總部的長官與同事們；當然，還有每天爲新聞付出的美國新聞團隊隊友，感謝的名字寫不完，但你知道我說的是你。而這本《白宮義見》能成書，則要感謝先覺出版社強大的編輯與行銷團隊，長達一年的籌畫。

當然，我永遠不會忘記感謝的，是千千萬萬關注我的觀眾與讀者，你們的支持，是我在新聞路上不斷前行的動力。

最後，我最要感謝的，是我這一輩子最忠實的觀眾——我的爸媽。

新聞路漫漫，我將持續守在白宮現場，帶著每一個你，讀懂白宮，看懂美國。

CONTENTS · 目次

CHAPTER 4 美國史上最不受歡迎的兩位總統候選人 163

CHAPTER 1

從沒想過：
一躍成為白宮記者，近距離隨行美國總統

到最後，重要的不是你的人生有多少年，而是這些年，你怎麼過你的人生。

In the end, it’s not the years in your life that count. It’s the life in your years.

——美國第十六任總統亞伯拉罕·林肯（Abraham Lincoln）

「謝謝你，總統先生。首先我要恭喜你。」

「川金會」後，在美國總統川普召開的記者會上，我是第一個恭賀他的記者。

面對新加坡嘉佩樂酒店滿室的三百名記者，心情愉悅的川普看著我說：「非常感謝你。謝謝！」

「你能否告訴我們，高峰會中觸及和平協議的議題了嗎？還有，你是否會很快前往平壤呢？」我提問道。

「在某個時間點我會的。我想說，這會是我十分期待的一天，我也會在適當的時刻邀請金主席到白宮。」

話鋒一轉，川普回答了我另一個問題：「今天我們簽署的協議包含了許多東西，也有在協議簽了之後沒有包含在其中的內容。我們以前也這麼做過。因爲時間不夠，我們沒把那些放在協議裡。」

我是第一個在此歷史時刻，向川普提問的非美國媒體記者，也是這次高峰會中除了新加坡當地記者外，唯一在現場見證兩位領導人互動的中文媒體記者。

因爲場地與安全的關係，只有約莫三十位記者和攝影師能在現場，其他將近三千名特地飛到新加坡、來自世界各地的記者，只能夠待在新聞中心，透過電視看實況轉播。

而我能有此殊榮，是因爲我是白宮記者團百年來第一個中文媒體成員，並且從二〇一一年開始，多次承擔美國總統隨行記者的任務。

在這場記者會中，我坐在第三排座位的正中間，在我正前方第一排的，是時任白宮幕僚長的凱利（John Kelly），他身邊坐著國務卿蓬佩奧（Mike Pompeo）。

無論外界對川金會的評價如何，以及雙方關係未來會朝什麼方向發展，這都是一次歷史性的破冰。我還記得我在聯合國報導川普第一次出席聯合國大會時，川普火力全開地嗆聲說「能徹底抹平朝鮮」。當時，東西方的戰爭看似一觸即發，局勢緊張。可不到一年的時間，兩邊卻見面、對話了，過程平和友善。

無論怎麼說，談判永遠都比打仗好。而這場高峰會，也給了和平一個機會。我緊跟美國總統，近距離直擊了這個歷史的轉捩點。

白宮記者的特權：接觸大人物，記錄大事件

其實，我第一次和川普對話，是在他還沒宣布參選總統之前。

「川普先生你好，我是中文媒體的記者，我叫張經義。」

在川流不息的人群中，川普停下腳步注視著我。他比我想像中還要高大許多，招牌金髮特色鮮明，讓人在遠處都能注意到他。

那是二〇一五年，在邁入第一百零一年的白宮記者協會所舉辦的晚宴上。該晚宴只有白宮記者協會成員及其所邀請的嘉賓能夠參加，雖然賓客達兩千六百人，但絕大多數都是白人，我則是其中罕見的亞洲面孔。

白宮記者協會晚宴（White House Correspondents' Dinner）有個暱稱，叫「書呆子舞會」（Nerd Prom），大概是因為白宮記者們都是一群文人書蟲的關係。不過，這群書呆子的報導卻往往能影響美國總統的命運，因此近代的美國總統很少會不來捧場（後來的川普除外），這也讓晚宴門票洛陽紙貴，被稱為「全華盛頓最熱門的票」。

身為美國地產大亨，又是真人秀主持人的川普，自然是那年晚宴備受矚目的名流之一。

第一次近距離接觸川普本尊，我確實被他高大的身型震撼到了。除了他將近一百九十公分的身高外，他超過一百零五公斤的體重也讓他充滿氣場。

他的招牌髮型也令人印象深刻，一根根金色細髮梳得一絲不苟。我在記者圈裡聽說過，川普愛美是出了名的，據說他甚至還從主流電視台挖角專門的化妝師與髮型師，為他打點門面。

和川普寒暄了幾句後，我拿出名片，簡單地介紹了自己，並留下合影。

這時是二〇一五年四月底，還沒有人知道川普真會宣布參選總統。大家頂多知道，從一九九〇年開始，他參選總統的風聲就沒斷過。

這永遠是白宮記者這份工作最吸引人的地方：親眼見到大人物，記錄下大事件。而歷史，往往就發生在眼前。

從沒想過的白宮記者生涯

能有如此歷史機遇，要從我如何成爲白宮記者這件事說起。

對於美國跑時政的記者來說，成爲白宮記者等於登上金字塔頂，因爲白宮不只是美國的心臟，更是聯通世界的樞紐。因此能被指派到白宮跑新聞的記者，都是身經百戰、從底層一路打滾上來的，這些白宮記者要不文字功底深厚，能以最快的速度深入淺出地把複雜的白宮事務寫出來；要不台風異常穩健，能在美國總統乃至成千上萬群衆前面不改色地進行連線；再不就是能建立超強的人脈，可以挖掘出獨一無二，甚至能改變歷史的新聞。

這些白宮記者平均將近五十歲，甚至不少人早已過了退休年齡。而歷史上跑白宮最久的記者，快九十歲才退休。這是因爲，對他們來說，那是在理想中工作。

我在三十一歲時成爲了其中一員，不過，這一開始並非我的夢想——應該說，我連作夢都沒想過。

苦學英文：土法煉鋼地死背硬記

二十六歲離開台北的《遠見雜誌》，負笈紐約後，跟許許多多的留學生一樣，我當時只希望能在自己喜歡的領域發揮。我喜歡的，就是新聞；而爲了新聞，我願意付出所有。

在紐約大學的最後一個學期，結束了聯合國總部的實習後，很幸運地，我進入紐約洛克菲勒中心的美國國家廣播公司（NBC）總部實習，所在的部門是全美新聞收視率頂尖、每晚數千萬人收看的《NBC晚間新聞》（*NBC Nightly News*）。這一實習就是半年，從外採、剪輯到配音，從跑腿、聽打到找資料，我樣樣都做。工作雖然累人，卻猶如進了「寶庫」，新聞功力大增。

學阿拉伯語出身的我，學英語的方式很笨，就是死背。在備考申請美國研究所所需的研究生入學考試（GRE）時，我就是靠著每天起床後坐在桌前十六到二十小時，過了三個月幾乎沒出門、不見天日的日子給背出來的。原本只能讀懂半本不到的《時代雜誌》，塡鴨式地背單字後，幾乎九成都能看得懂了，我這也才發覺英文的基礎其實就是單字，每個字都看懂了，一整個句子也就懂了，對文章的理解也就八九不離十了。

但，我的口語和聽力完全不行。還記得我到紐約大學參加入學新生訓練的第一天，所有教授都一一上台致詞，我聽得相當吃力，其中就只有一位教授的話我聽得懂。後來才發現，這教授是阿爾巴尼亞人，因爲他講話帶有東歐口音，所以他都會刻意放慢講英語的速度，目的就是希望人家能聽懂他，我也才以爲我「聽懂了」。

於是我一直積極練習口語和聽力，直到進了NBC才像進了寶庫似地。每天，在晚間新聞播出後，我都會厚著臉皮跟新聞室的人索取列印好的主播文稿。下班後，我就趁著搭地鐵時拿著厚厚的文稿，先查不懂的單字，然後回到家就到處「借」無線網路訊號，看新聞重播，跟著主播一字一句地念，念完這天的「新聞功課」才算做好，我也才能入睡。那是我英文口語和發音進步最快的一段時光。

克難卻充實的自我摸索與磨練

可是很不幸地，就在我實習快結束時，碰上了美國百年一遇、災情慘重的金融海嘯，公司大裁員，實習生自然留不下來。

我不願畢業後再向家裡拿錢，加上分租的房間沒網路，又捨不得花錢去咖啡店，於是我頂著寒風，每天端著筆電在紐約街頭上的幾間店家門口徘徊，四處「借」訊號極差的網路，到處投履歷。雖說這樣讓我得到與全美知名的訪談秀主持人羅斯（Charles Rose）等人面試的機會，但最終都因對方無法爲我申請工作簽證而遭到拒絕。

所幸峰迴路轉，沒想到，全美最大的中文報社《世界日報》，在我必須離開美國前夕給了我聘書。在那裡，我從週刊記者，一路做到日報全國版記者。當時我報導的，正是二〇〇八年總統大選以及金融海嘯，還有像我這樣命運坎坷的留學生後來何去何從的故事。

當時，在紐約的生活環境並不好，我租的木板隔間屋內，一張小床、一張桌子就占掉房間的八成空間。由於報社截稿時間是半夜，我下班時都是凌晨兩、三點，回到家，躺在不知換了多少手、中間已嚴重凹陷的彈簧床上，耳裡聽到的，是門外鎮日川流不息的車輛在凹凸不平的馬路上跳躍奔馳發出的噪音；屋後半夜裡都還會有火車剎車和鳴笛的刺耳聲音。如果拖到清晨才入睡，我就會開始聽到飛機劃過天際的巨響——因爲我就住在機場五公里外。

儘管汽車、火車與飛機同時發出的「震撼人心」聲響，怎麼樣都拼湊不出一曲優美的交響樂章，但我還是把那當成紐約獨有的、不和諧的美來享受著。每天，我都會風雨無阻地搭著公車上班，從傍晚到深夜，眞的是「不見天日」地工作著。我還會利用上班前的空檔，喝著一杯又一杯的三合一即溶咖啡，邊查資料邊翻譯書籍。因此在三十歲前，我也累積了比不少同齡人紮實的新聞基礎。

兩年後，我來到華盛頓，加盟鳳凰衛視。沒想到，到了華盛頓剛開始不適應的，除了夜間聽不到噪音會失眠以外，還有就是要上鏡頭的煩惱。剛開始，爲了避免直播時看鏡頭會緊張，我還把背緊貼著椅子、抬起下巴播報新聞，我想觀衆都能輕易看出我十分不安的樣子。

也許是非電視新聞科班出身，我竟也摸索出自己一套特有的報導風格。無論發音方式或肢體動作，還是充滿熱情的語調，我都迥異於一般的電視新聞從業人員。或許也因爲這樣，反而讓人「印象深刻」吧。

而我跑白宮新聞這條路，也是自己摸索出來的，沒有啓蒙的前輩，也沒有模式可言。

白宮記者的第一個認證：白宮記者證

二〇一〇年五月，我被指派跑白宮的新聞。當時，我對什麼是「白宮記者」（White House Correspondents）毫無頭緒，因爲我未曾聽過有中文媒體的白宮記者，也從未接觸過美國媒體的白宮記者。

此前，雖有一些中文媒體記者會到白宮報導新聞，也自稱白宮記者，但我跑了幾個月才知道，被指派跑白宮的記者，並不能算眞正意義上的白宮記者，更不算是白宮記者團（White House Press Corps）的成員。要成爲白宮記者，必須經過白宮官方和白宮記者協會的「雙重認證」，才能加入這區區百人的「俱樂部」，之後，才有可能成爲美國總統隨行記者，才眞正被視爲白宮記者團成員。

因此，第一個需要我勇敢去闖並努力獲得的，是白宮記者的第一個認證。

首先要釐清的是，想進去白宮採訪，只要符合規定、通過程序，基本上，大門是向所有記者敞開的。進白宮採訪並不難，難的，是得到白宮的認證，也就是取得「白宮記者證」。

白宮記者證的英文挺特別，就叫 Hard Pass。Hard 這字，在英文中，有「堅硬」

也有「困難」的意思。證如其名，也就是除非你夠強硬，不然別想拿到。

在川普上台以前，想拿到白宮記者證，比拿到五角大廈或美國國務院記者證還要困難許多。畢竟美國國務院或國防部只是政府機關，是政府職員上下班的地方，而白宮記者每天進出的，可不只是美國總統辦公的地方，還是「總統的家」。白宮可是世界第一大國的領導人一家起居的地方，也就是說，白宮記者是每天進到總統的家進行採訪的，記者證的考核自然不能馬虎，也不能輕易地給。

當時，拿記者證的要求之一，就是幾乎每一天都要到白宮報到，並進行報導。聽起來也許不難，但執行起來又是另外一回事了。首先，就是在進白宮前，必須在二十四小時前遞出申請（後來改爲四十八小時前），讓白宮特勤人員對你進行徹底的「背景調查」。收到批准後，第二天才能進白宮。

事情還沒這麼簡單。到白宮門口憑相關身分證件經由特勤人員再次檢查後，才能拿到一張臨時記者證。如果是美國公民的話，拿著記者證通過「機場式」的安檢後，就能進入白宮；但如果不是美國公民的話，就必須在四面由鐵柵欄圍起來的露天區域內等候，等白宮新聞官出來把人領進去。

這就是美國媒體和外國媒體的差別待遇。

在美國記者已經安穩地進入白宮後，外國記者還在外面等著。到底等多久，要看白宮新聞官什麼時候來，我最長的等待時間是三個小時，平均等待時間則是一個小時左右。由於這鐵柵欄圍起的小區域是露天的，所以無論當天是攝氏四十度的烈日，或是零下十度的暴雪，外國記者們無處可躲，眞的是「聽天由命」，只能乖乖曬著豔陽或淋著霜雪，等著新聞官到來。如果受不了惡劣氣候，就只能離去。

這些新聞官有個挺特別的暱稱，叫「wrangler」，直譯就是「牧人」，也就是牢牢看住像羊群（或更像狼群）的記者們，確定他們不逾越規矩或是亂跑。由於他們常常都是白宮新聞辦公室最基層的人員，有些甚至才剛大學畢業，所以被派的雜活特別多。因此有時新聞官也不是刻意怠慢，而確實是分身乏術。

總之，我很清楚自己並不算聰明，但我知道我有個長處，那就是只要認準了，我就會死命地去做。我相信勤能補拙。現在科技發達，越來越多記者選擇看直播而不是去現場，但我還是堅持要到現場，我是眞心喜歡每一次在新聞現場心跳加速的感覺，喜歡在新聞稿中加入自己現場觀察時熱血沸騰的感受。

原創對我來說永遠是首要的，身爲一個記者，到現場去看、去聽，從我們的視野去報導，是天職。

就這樣日復一日，挺過約四百天的春風、烈日、秋雨與暴雪，甚至到有一天在白宮圍欄的雪地裡浸溼了襪子才發現鞋底已磨平穿洞，這樣子的拚命努力，讓我終於拿到了第一個白宮記者的認證。

川普大送禮：廣發記者證

經由以上說明，不難看出取得白宮記者證的困難。

歐巴馬時期，能拿到白宮記者證的，就只有一、兩百人左右；但川普上台後，套用一位白宮老記者的話：「白宮發記者證就像發糖果似地。」

一如川普屢屢打破規定，他也推翻了取得白宮記者證的慣例，只要有記者申請，不論他出勤率高低，也不論他是不是常規的記者，白宮簡單評估後就發放。

例如一名跑華盛頓新聞十幾年的記者，過去屢次申請白宮記者證都被拒，川普上台後一年，他總共也不過只去過兩趟白宮。他抱著姑且一試的心態，再次遞出申請，有一天，白宮竟然通知他申請批准了，他一開始還以爲是詐騙電話。

總之，川普上台後，突然多了數百名拿到白宮記者證的記者，白宮新聞發布室永遠塞得滿滿的。

川普的白宮沒說，但原因大概和他嘴裡老愛罵的「假新聞」有關。川普口中所謂的「假新聞」，多是自由派的媒體，他們的報導，讓保守派的川普一直很不滿。偏偏美國主流媒體幾乎都是較爲偏向自由派的，大家耳熟能詳的幾家電視台如NBC、美國廣播公司（ABC）、哥倫比亞廣播公司（CBS）、美國有線電視新聞網（CNN）與福斯（FOX）中，只有福斯是保守派媒體，其餘都傾向自由派立場。

主流媒體以自由派爲多的原因，和地理位置不無關係，因爲只有大城市有財力養大媒體，而美國的城市人比起鄉村的人們，更願意擁抱多元種族、包容不同性向、重視社會保障、同情沒有證件者或是非法移民，這些自然會影響到主流媒體的立場。相較之下，支持保守思想的鄉村，沒那麼多資源能養出大媒體，這導致他們無法像大媒體般，有能夠遍及全美、甚至全球的影響力，成爲主流。

多數保守派媒體無力走出地區範圍，也就代表他們無力派駐專門跑白宮的記者。

爲了讓更多保守派媒體能報導白宮、報導川普，回去和保守派選民說川普的好，於是川普才推翻過去的慣例，大開白宮記者證發放之門。

一開始可能是想避免做得太明顯，只對美國盟國的媒體記者大量發放白宮記者證。但接下來，無論出身何處，只要有申請，幾乎都會得到批准。

川普的媒體策略似乎奏效，至少在記者會時，他能忽略自由派媒體問他的難堪問題，還能多點幾家不同的保守派媒體。不像過去，點來點去，就只能點福斯或者是《華爾街日報》兩家在白宮早占有一席之地的保守派媒體。

關於假新聞，我第五章還會再仔細說明。

白宮記者的第二個認證：白宮記者協會認證

只是取得白宮記者證還不能算眞正的「白宮記者」，還需要有第二個認證——白宮記者協會（White House Correspondents' Association）認證，其來歷得從一百多年前說起。

一八九六年，一位名叫威廉．普萊斯，人稱「胖子普萊斯」（William "Fatty" Price）的記者想要加入當時經營得很好但現在已不存在的《華盛頓星報》（*Washington Star*）。當時的主編並不喜歡普萊斯，想擺脫掉他，便給他指派了一個不可能的任務——歷史上沒有人「專門」跑過的白宮新聞。

當時的美國總統克里夫蘭（Grover Cleveland）特別痛恨記者。他是美國史上唯一一位當了四年總統後連任失敗，過了四年又再次選上總統的人。而他第一次競選總統時，媒體爆料稱他有私生子，並且窮追猛打，讓他與媒體結下了梁子。

熟知此事的普萊斯想了新招：打不進內部，打外圍總行吧！於是他就守在白宮門口，見一個堵一個，並從這些進出白宮的人口中，套出了許多獨家新聞，闖出名堂的他還開了個專欄叫「就在白宮」（At the White House），這讓其他媒體紛紛仿效。很快地，白宮門口出現了一群記者。

這群人就這樣在白宮外守了六年，直到老羅斯福（Theodore Roosevelt）當上了美國總統。據說在一個又溼又冷的雨天，全身淋溼的記者們爲了躲雨圍在大樹底下。老羅斯福看記者可憐，就打開白宮大門把記者接了進來，從此，進了總統家的記者就再也不離開了——事實上，也很難再把他們趕走了。

傳說畢竟只是傳說。老羅斯福其實深諳大眾傳媒的好處，他實際上還幫記者在白宮建造了專屬的工作空間，這是他們第一次在白宮裡擁有自己的工作區域，媒體無不感恩戴德。

就這樣還算平穩地過了十幾年，白宮與記者的關係卻在一九一三年出現轉折。當時美國首位博士出身的總統威爾遜（Woodrow Wilson），雖然很清楚必須和媒體打好關係，但記者在記者會上的刁鑽問題與事後的負面報導，讓智商高情商卻低的他，一怒之下決定停開記者會。

白宮記者們一片譁然，於是有十幾位記者合組了「白宮記者協會」與白宮談判，爭取媒體採訪的權利。第一任主席，就是胖子普萊斯。時爲一九一四年。

白宮記協的歷史對我來說，好比勵志故事，只有逆來「逆」受，才可能衝破困境，開創新局。就算只是一個小人物，只要努力逆流而上，也能寫下一頁新聞史。

直到今天，歷經十八位美國總統，白宮記者協會在美國仍是最負盛名的記者協會。而美國總統爲了和白宮記者協會打好關係，也開始出席白宮記協的晚宴，和媒體談笑風生，這也成了一項傳統。

而受限於外語能力以及對外國文化的了解，原先多由美國記者組成的白宮記者協會，從歐巴馬時代，便開始選擇外國記者加入隨行記者行列，而這些外國記者則在白宮記者協會的大框架下，組成白宮外國記者團（White House Foreign Press Group）。成立近十年以來，白宮外國記者團的媒體成員來自東亞、南亞、歐洲、中東、非洲、美洲等頂尖媒體，其報導覆蓋全球近四十億人。

在中國崛起的背景下，白宮記者協會和白宮外國記者團需要一名懂中國和中文的記者，當時每天在白宮露臉的我，日常積極的表現和較好的語言能力引起了他們的注意，於是協會的人主動來找我。其實直到這個時候，我才知道有白宮記者協會的存在。於是，我有幸成爲白宮記者協會百年來第一個中文媒體成員，能隨行近距離報導美國總統。之後甚至還被選爲白宮外國記者團副團長。

白宮記者協會超過百年來，從原先只接受白人男性，到將近半個世紀後才開始接受白人女性，之後才接受黑人記者。一直到進入二十一世紀，接受非美國籍記者才變成了常態。在白宮記者協會邁入第一百零五年的今天，我還是白宮記者團中唯一的一個中文媒體記者。

歷盡變遷、看盡起落的白宮新聞發布室

一任美國總統，在白宮最多也就是八年，而一個白宮記者，卻能在白宮待得比總統還要久。

雖然到今天，我跑白宮新聞已超過八年，但我永遠不會忘記自己第一次進到白宮例行記者會現場的畫面：一如我過去在電視上看到，白宮新聞發布室的背景以天藍色爲主，只不過比想像中還要狹小許多——現場就只有一個小型講台，加上七排每排七個，共四十九個的座位，還有一些給攝影師的工作區域，基本上大小就只有一個「小型游泳池」這麼大。

不開玩笑，白宮新聞發布室還眞的就蓋在游泳池上。

衆所皆知，二戰時期的美國總統羅斯福是小兒痲痺患者，因此當時特別在白宮主樓旁蓋了專用的室內游泳池，供他游泳復健；到了甘迺迪時期，這游泳池成了風流倜儻的甘迺迪邀請泳裝美女開派對的地點——當然，他都是趁他妻子賈桂琳不在家時辦的；到了尼克森在一九七〇年代上台後，不愛運動的他覺得用不到的游泳池放在白宮很浪費（也有一說他痛恨甘迺迪，不想睹物思人），才乾脆封起來，在上面蓋了新聞發布室。當時能去新聞發布室的記者不多，因此裡頭還擺有沙發，記者們是坐在沙發上向總統提問的。

後來記者多了，沙發當然也就撤了，改成像電影院般的座椅。不過，與美國其他部會的新聞發布室不同，白宮每一個座位都是特別指定席，而且全都釘上媒體名牌，不能隨便坐。其中，絕大多數都給了美國媒體，外國媒體僅有路透社、法新社、英國廣播公司（BBC）、半島電視台（Al Jazeera）與白宮外國記者團有特定座位。後來我成為白宮外國記者團的一員，因此也輪得到座位。能坐在白宮新聞發布室提問，其實就是一種認可。

這小小的新聞發布室，歷盡變遷，看盡總統起落，白宮記者來去，充滿歷史感。我還記得第一次進去，著實被這狹小空間裡滿滿的設備和燈光震撼到，裡面的攝影機、照相機無處不在，連天花板上都吊著好多台。而幾十盞LED燈，照得發布室異常耀眼，台上的白宮發言人臉上亮到幾乎沒陰影；而台下，坐在第一排最中間的，則是白宮傳奇人物——海倫．湯瑪斯（Helen Thomas）。

傳奇白宮記者告訴我：勇敢去闖就對了！

從一九六〇年開始跑白宮新聞的湯瑪斯，當時已是八十八歲高齡，儘管已經身型佝僂、腿腳不便，可她仍目光炯炯地盯著台上時任白宮發言人的吉布斯（Robert Gibbs）。湯瑪斯一共近距離採訪過十位美國總統，當時台上不到四十歲的吉布斯，是她一生中交過手的第二十二位白宮發言人。

以提問犀利著稱的湯瑪斯，在白宮的地位堪稱「教主」，不只總統們會親自爲她慶生，二〇〇九年歐巴馬才剛上任總統沒多久，還特別爲她送上蛋糕，大方親了老太太的臉頰。過去，總統記者會到最後，一定是由她開口說「謝謝你，總統先生」，才算正式結束。平日白宮發言人的記者會，首先被點名的一定是她，而之後，當湯瑪斯覺得記者們問題問夠了、開始重複了，她就會對發言人說「謝謝」，這時台上的發言人和台下記者都知道記者會該結束了。

沒想到，一名白宮記者的存在，竟可以讓世界第一強國的總統們又愛又恨。

我想起湯瑪斯說過的一個故事：一九八〇年時，她採訪了剛離任的前總統卡特。當時電腦還是十分新鮮的東西，準備寫回憶錄的卡特，特別向她展示了他的新電腦。卡特在螢幕上打了「海倫．湯瑪斯」幾個字，打完後他一邊俏皮地笑說：「我還能把妳給刪了。」一邊按下刪除鍵，湯瑪斯的名字一個字母一個字母地在螢幕上消失了。

湯瑪斯事後回憶說，卡特刪掉她只不過是一時的。確實，卡特只在白宮待了四年，接下來的總統最多也就待了八年，但湯瑪斯可是在白宮一待，就待了整整五十年。

美國新聞機構認爲，記者越老越值錢，一方面看重的是記者長期累積的人脈，另一方面，這些白宮記者的臉或名字一出現，代表的往往就是權威報導。

對於跑白宮的記者來說，湯瑪斯是傳奇一般的存在。她打破了美國記者圈許許多多的玻璃天花板，不僅是白宮記者協會第一位女記者，更成爲協會第一位女主席。

所以當時初跑白宮新聞的我，在記者會後特別去和這位傳奇人物打招呼，並且向她請益該如何跑好白宮新聞。儘管那時她說話微顫，但老太太用堅定的眼神看著我，回答說：「勇敢去闖（Just go for it）！」

只是沒想到，幾天後，湯瑪斯卻突然中斷了她長達半個世紀的白宮記者生涯。一代白宮傳奇記者湯瑪斯離開白宮，是在我剛跑白宮新聞的第一個月。很榮幸，能和傳奇記者一起短暫共事，而她「勇敢去闖」這句話，在我的白宮記者之路上，不斷推動我前行。

記者工作，都是拚命跑出來的

我申請白宮記者證那一年，令我印象深刻的，除了報導白宮的風雲變幻，還有就是日常和白宮記者們的相處了。

白宮記者是怎麼樣的一群人呢？近幾年，美國時政新媒體網站 Politico，會固定在白宮記者協會晚宴前針對白宮記者做民調，我也都參與其中。統計顯示，這些白宮記者平均四十八歲，跑白宮新聞時間平均十二年，多數有二十年左右的記者資歷，更有百分之六的記者有超過四十年以上的記者資歷。

能跑白宮新聞，對美國跑時政新聞的記者來說，是頂點，卻不是終點，因爲白宮新聞永不止歇。

白宮記者們，男士總是西裝革履，老一輩的甚至還會戴上紳士帽；女士則是一身幹練的套裝，讓單調的白宮新聞發布室添了些色彩。只不過，雖然表面看起來光鮮亮麗，但低頭一看，男士的皮鞋通常不光亮，女士則以平底鞋居多，原因是白宮記者常常要跑——平常追著總統跑，採訪完，電視記者是跑著趕連線，平面記者則跑著搶發稿。

因爲白宮的新聞比較單一，主要就是總統，雖然偶爾還有其他的人和事，但既然都是類似的新聞，那麼誰比較快，誰就能搶到最多的觀衆與讀者。很多時候，連作爲通訊社的美聯社和路透社，都搶不贏其他家媒體的白宮記者。

由此可知，這份看來光鮮的工作，就是拚命跑出來的。無論是電視台的明星記者，或大報的招牌記者，幾乎都有一個共同點，就是他們都是從最底層——從跑腿的實習生或偏遠郊區的地方媒體記者做起，一路身經百戰，證明自己實力過人，才能爬到白宮這美國時政記者的最高位置。然後，這些進到白宮的記者，每天在白宮就像進競技場一樣——今天對手略勝一籌沒關係，明天我們再來較量。

我還記得當時一名現已退休的老記者告訴我，他從入行開始，幾十年來，每天起床所做的第一件事，就是想問題。「一整天，我都一直在想一個會讓人爭相報導的問題：如果總統接受我的提問，我要問他什麼？」

這也體現出跑白宮新聞和跑其他美國政府部門新聞最大的不同之處：在白宮，只有一個主要的報導對象，那就是總統。像是美國國會參衆兩院加起來有五百三十五名參、衆議員，個個有事都想找記者講話，記者往往有幾百個報導對象；而在白宮，成百上千記者追的就是一個人，因爲連白宮官員的發言，也全都圍繞著總統的說法和想法打轉。

痛苦並快樂著：有新聞可忙，才是最重要的

當然，美國總統不是每天都會見記者的，更別說是接受記者提問了。但如果總統眞的回答了記者的問題，那往往都會是新聞，有時甚至會成爲國際頭條。

這也就是爲什麼多數白宮記者偏愛川普更勝於歐巴馬。這裡的「偏愛」不是指喜歡誰，而是就採訪的角度而言。

很多人以爲歐巴馬對媒體開放透明，川普老是遮遮掩掩，但事實卻是完全相反。凡事小心謹愼的歐巴馬，一向和媒體保持遙遠距離，儘管媒體每天都可以在公開行程拍到他，但他的一言一行都是經過縝密思考，甚至是排演的。記者在現場無論怎麼喊，歐巴馬不理就是不理，兩、三週能回答記者一次問題就算不錯了。

相較之下，川普雖然不是天天給媒體拍，但兩、三天還是會出來一回，讓媒體拍個夠。而且無論是什麼場合——白宮裡、草坪上、飛機上、機場跑道上，只要記者衝他喊問題，半數時間他都是願意回答的。而且川普回答問題通常多是即興的，沒有腳本，想到哪說到哪。這讓他的回答，更引人注目，讓媒體爭相報導。

而且川普不按常理出牌的回答，連白宮官員都沒有心理準備。一旦川普說得太出

乎意料，白宮官員就要拚命找證據，證明川普說得沒錯；如果實在無法證實川普所說是真是假，或其實他只是硬拗到「弄假成真」，那白宮就乾脆冷處理，對記者的追問不理不睬。但無論川普底下的人是急著反駁還是無話可說，他們的反應都成爲報導的焦點，媒體完全可以一魚兩吃。

重點是，記者永遠摸不透歐巴馬在想什麼，但川普永遠會把自己的想法放到推特上。

從當記者的第一天開始，我每天早上睜開眼，第一件事就是看至少半小時新聞，補回我睡眠時錯過的事情。接下來的一整天，在空檔時，我也貪婪地看著新聞，而且是什麼類型的新聞都看。我一天總能接觸成百上千條新聞、分析和簡訊，什麼都看，就是偶爾才看看推特。但川普上來後，一切都變了。

在川普上台後，我起床的第一件事就是先看他的推特，睡覺前也是，然後才是看新聞。川普第一年發了兩千六百多條推特，平均一天七條，最早是凌晨三點，最晚還是凌晨三點，二十四小時全年如此，原因是——川普一天就只睡四個小時。

我記得我在獨家專訪以個性火爆聞名的白宮發言人史派瑟（Sean Spicer）時，就問過：「川普總統真的每天只睡四個小時嗎？」

史派瑟聽完這問題樂了，直笑說：「是的！」

我接著問：「年逾七旬依然如此精力充沛，爲他工作是怎樣一種體驗？」

史派瑟說：「如你所說，他精力十分旺盛。你必須時刻跟上他的腳步。他帶動著整個白宮的節奏，我覺得每個人都在跟著他的節奏行動。」

白宮記者尤其是跟著川普的節奏跑。衆人一改過去的生活規律，現在一切圍繞著川普的推特打轉。過去，記者上班後才寫新聞，但現在可能是被一條推特驚醒，牙都沒刷就開始寫稿；過去，夜裡下班就不太會有新聞了，但現在下班後，川普的推特還在繼續發，假如重量級推特一出，就算是大半夜也得乖乖回到鏡頭前，進行連線。

痛苦並快樂著。對於記者來說，喜不喜歡或贊不贊同川普的推文都無所謂，有新聞可忙，才是最重要的。

記者，是觀衆眼睛的延伸，帶著觀衆去看這個世界

在競爭極端激烈的白宮，要跑出新意，甚至要跑出獨家，除了需要積累經驗，還得八仙過海各顯神通。

問不到總統，能在例行記者會上，從白宮發言人口裡套出話來也是個方法。這點白宮發言人也是心知肚明，因此他身爲總統的代言人和白宮的門面，幾乎不會點不熟悉的記者發問，以免惹上不必要的麻煩，甚至因失言而將美國政府置於窘境。

白宮發言人的地位之重要，從頭銜和收入都能看出端倪。白宮發言人的正式頭銜是「白宮新聞祕書」（White House Press Secretary），可別小看這「祕書」二字，因爲就連美國政府的「部長」，英文也並非是「部長」（Minister），而是「祕書」（Secretary）。實際上，白宮發言人的收入也是部長級的，年薪將近十八萬美元，僅僅排在總統和副總統之後（總統年薪四十萬，副總統二十三萬），是白宮裡所能領到的第三高的薪水（和白宮幕僚長等高官並列）。

我剛開始跑白宮新聞時，當然不清楚這樣的狀況，只是拚命舉手、舉手、再舉手，就希望能得到發言人的青睞。但是，我努力了好幾個月都徒勞無功。印象中，是直到一次偶然的亞太區域事件發生時，或許是想透過亞洲媒體表明美方立場，白宮發言人才終於點到了我這老是舉手的亞洲面孔。

從此之後，我一直是接下來每任白宮發言人最常點名的東亞面孔記者，至今與五位白宮發言人交過手，也是唯一獨家專訪過幾位白宮發言人的中文媒體記者。

九年前，中國和韓國都沒有天天跑白宮新聞的記者，而天天跑白宮的日本記者估計是文化上比較保守，也可能擔心自己英文發音不好，不太願意舉手，就只有我一個「東亞面孔」的記者，厚著臉皮天天大剌剌地舉手，當著全美國主流電視台的攝影機鏡頭，拿著白宮發言人「練英文」。我倒也不是天生臉皮厚，只是在聯合國和NBC實習時，學到了西方人敢秀、敢表現自己那一套：只有敢，才有機會。

到後來，有兩個日本攝影師還私下來謝謝我，說我「豐富」了他們的畫面，因爲過去他們總是只能拍令觀衆感到生疏的西方人面孔。而且，不只我的面孔增加了他們觀衆的熟悉感，我的提問也總是和東亞有關，這當然也是日本觀衆關心的問題。雖然我的提問內容並不是從支持日本的角度出發，但在沒什麼美國記者會問亞洲區域問題的情況下，有人問總比沒人問好。

另外，我的提問方式也不是衝撞型的，而是相對客觀地就事論事。有些媒體記者喜歡透過讓發言人難堪的問題爲自己博掌聲，甚至間接損害政府間的關係，這就令人難以苟同了。我當然有好惡，但當攝影機開錄時，我就是一個記者，我提問的目的就是想釐清問題。我的工作就是告訴觀衆發生了什麼事，以及我所知道的事實爲何。

記者，是觀衆眼睛的延伸，帶著觀衆去看這個世界。

如史官般的隨行記者，讓總統都自嘲

百年來，無論美國總統如何來去，白宮記者協會一直扮演著協調白宮和記者間唯一的權威。

像是想隨行採訪美國總統的記者太多，對白宮和媒體來說都是難題，因此白宮記者協會的一大任務，就是從各家媒體中安排「記者代表」，跟隨美國總統或其他高官，記錄下其一言一行，即時供各家媒體參考，讓白宮記者們能時時掌握總統動向，不至於因不在現場而錯過。

英文中有個多義單字叫pool，有共享的意思；總統的隨行記者，就被稱為pooler，他即時寫的記錄，就叫作pool report（共享報導）。我們比較容易理解的概念是新聞稿，但實際上更像是過去的中國史官一樣，鉅細靡遺地記錄下領導人的言行，差別在於白宮隨行記者寫的是即時發布的紀錄。

生性幽默的柯林頓在當總統時就曾說過，這群記者老像鼻涕蟲一樣貼身黏著他，連他跑步都跟著，無非就是在等他「摔死」，然後寫上一筆。

不過當然，基本上不會有極端狀況發生。隨行記者的主要工作，還是必須在短時間內，盡可能精確且快速地記錄下總統的日常，例如他每天的活動或講話的時間、地點與內容等。而最主要的，是他對熱門議題的表態，或是進行的會見——尤其是他和外國領導人的見面等。

隨行記者要不帶太多個人的價值判斷和立場色彩，記錄下在現場的所見所聞。當然，如果有什麼有趣的觀察也被鼓勵分享。而像我這樣的非美國媒體記者，還被賦予一個特別的任務，那就是對一些國情不同與文化差異之處，提出說明，讓美國媒體對來訪的外賓與其所代表的國家有更深入的了解，爲他們的報導增添色彩。

這些共享報導絕對地鉅細靡遺，包括當時幾點幾分、總統的穿著打扮、總統搭乘什麼運輸工具、去了哪裡、有什麼官員隨行、見了什麼人、說了什麼話、當地的狀況，甚至是當地民衆的反應等等，統統都要記錄下來，因此訊息量巨大，白宮登記在冊的記者一天都能收到數十封這類的電子郵件。我還記得，有一位剛向白宮登記的記者，在第一天收到排山倒海的共享報導時，開玩笑地和我說：「我還以爲我的信箱被駭客攻擊了！」

而隨行記者寫的報導，最終會由白宮官方透過電子郵件，發送給成百上千位報導白宮的記者。白宮發送電子郵件的對象，幾乎包括全球所有的主要媒體。從美聯社、英國廣播公司，到新華社、NHK，乃至於中東的半島電視台等全球大大小小數千家媒體，都在白宮的郵寄清單中。而這些媒體的記者也往往會參考白宮的郵件內容來寫新聞。作爲白宮記者團中唯一講中文的媒體記者，我也有幸能如此向美國，乃至於世界各地的媒體，講述我在第一線的所見所聞。

這些電子郵件最終會歸檔，成爲美國歷史的一部分。因此總統隨行記者的紀錄，可以被視爲是「歷史的初稿」。

我們熟悉美國，美國也需要了解我們

當初，我會堅持要取得白宮記者證，並且獲得白宮發言人的注意，多少和民族自尊有關。

在白宮新聞發布室裡，我常會看看周遭的記者們，有時，會覺得這就像是一個小小的美國：約莫七成是白種人，非洲裔黑人和拉丁裔各占一成，然後是極少的亞洲裔。而東亞面孔的記者或攝影師，絕大多數來自日本。

爲什麼是日本？因爲在全球報紙銷量「跌跌不休」之時，只有極少國家的報紙還能每天賣到千萬份以上，而且晚報依舊熱銷，這極少的國家之一就是日本。

因此日本媒體的競爭是異常激烈的，他們的戰場遍布全球，白宮更是日本媒體的一級戰場。爲了確保獨家新聞，或不「獨家漏掉」新聞，日本十幾家主流媒體，幾乎全部都有專門派駐白宮的記者與攝影師。除此之外，他們還重金聘請了大量美籍記者和編輯，就是爲了以美國面孔打入白宮，獲取獨家新聞與專訪，排擠對手。

還記得有回時任日本首相的野田佳彥訪問白宮，歐巴馬在白宮橢圓形辦公室與他進行雙邊會談。會談前，兩人共同會見記者。那時，有三個日本攝影師爲了搶進僅能通過一人半的窄門，爭執不下，猛撞門框和橢圓形辦公室的牆，撞擊聲響之大，連歐巴馬都震驚了，白宮還趕緊派人查看這歷史建築有沒有毀損，白宮新聞官還爲此發出嚴厲的警告信。

日本媒體在白宮聲勢之大、競爭之激烈可見一斑。也因此，東亞面孔的我，當時在白宮也常常被誤以爲是日本記者。有些無奈，卻也不甘。

來自歐洲、中東、拉丁美洲與南亞的記者，加上日本的記者，都在白宮這世界頂尖媒體的主戰場上積極表現，我決心不能缺席，要發出屬於我們自己的聲音。而且我認爲，我們固然熟悉美國，但美國也需要了解我們。

在白宮這樣的新聞主戰場，我們不能缺席

或許是因爲民族性，也或許是少了些自信，大多數來自日本或其他東亞地區的記者，在記者會上總是靜靜地聆聽，結束後也不太留下來和美國人打交道。

當然，英語畢竟是外語，無論我們後天有多麼努力，都不可能和土生土長的美國人一樣。但只要我們文法掌握足，文化知識夠，還是能令他們刮目相看的。就像會說成語、懂流行語、懂得中華文化的美國人，儘管他們也是有口音，但他們充滿自信、敢講、敢表達，那我們又爲什麼不敢呢？

且不論在歐巴馬政府或川普政府裡，都有華裔官員的身影，例如歐巴馬政府裡，有曾任華盛頓州州長的商務部長駱家輝、能源部長朱棣文，以及勞工部副部長盧沛寧；而川普政府裡則有交通部長趙小蘭。報導白宮這些年，我發覺美國人對中文的關注程度有增無減，連白宮發言人的子女也不例外。

《時代雜誌》記者出身的卡尼（Jay Carney），是白宮第二十八任新聞祕書，也是歐巴馬競選連任期間最重要的代言人之一。他在蘇聯解體時曾是該雜誌駐莫斯科分社的社長，精通俄語；他的妻子是CNN記者，當年在莫斯科工作時認識了卡尼，所

以這對夫婦都懂得俄語。

在一次和卡尼私下交流的場合，我和他聊起他的家庭，還有他的一對子女：「你們夫婦都說俄語，是不是也教孩子說俄語呢？」

金髮碧眼的卡尼笑著說：「沒有，俄語已經不流行啦。我的孩子學的是中文。」我開玩笑地說，我可以當他們的中文家教。卡尼笑答：「當然好啊。」

讓自己的孩子學中文，是清楚掌握未來世界局勢走向的白宮發言人的首選，也是美國總統的選擇。

二〇一一年，胡錦濤在美國進行國事訪問期間，白宮有一位非裔小女孩居然對胡錦濤說起了中文。那不是別人，正是當時才九歲的歐巴馬女兒莎夏（Sasha Obama）。

而白宮從歐巴馬交到川普手上後，學習中文的熱潮，在新的第一家庭還越來越旺，特別是川普女兒伊凡卡（Ivanka Trump）一家。

川普的孫女阿拉貝拉（Arabella Kushner）中文十分流利，她的弟弟約瑟夫（Joseph Kushner）更是三歲時就每週上三天、共九個小時的中文課。

還記得我在跑二〇一六年總統初選時，在川普的競選造勢場合中，看到伊凡卡挺著懷胎九月的大肚子，努力爲父親拉抬人氣。當時她懷的是第三個孩子，也就是後來的小兒子西奧多（Theodore Kushner）。就在西奧多滿一歲時，伊凡卡發布了一張西奧多與他面前一套寫著中文積木的照片。很顯然，伊凡卡認爲學中文就是要贏在起跑點上，一歲開始都不嫌早。

這些，都可見我們自己的文化之深厚、語言之內涵，其實是備受白宮推崇的。因此，我在白宮充滿了文化自信，也和美國記者一樣，台前拚命舉手提問，台下對白宮官員打破砂鍋問到底。這或許就是當初我能得到白宮記者團青睞的原因。

我的想法是，在白宮這樣的新聞主戰場，我們不能只是旁觀，而是要融入，我們不能缺席，而是要站在第一線，讓我們的面孔被看見，聲音被聽見。

「始終在現場」，我不變的初心

還記得二〇〇七年的秋天，歐巴馬剛宣布投入總統初選，希望能在第二年成爲民主黨的總統候選人，而隔年中國也將舉辦奧運會。對於美國大選和中國奧運會，我當時實習的ＮＢＣ都是高度關注，因爲他們擁有奧運會的美國獨家電視轉播權。

當時，我觀察到NBC的國際新聞，除非有突發狀況，一般都圍繞著兩個主題：中東的亂局和中國的崛起。實習結束前，我向我在NBC的師父——領導整個《NBC晚間新聞》國際新聞製作二十載的執行製作人——請益，因爲我對自己未來的新聞路有不少疑惑。

我很確定我想繼續走在新聞路上，但我猶豫的是：在中國和中東這兩個領域中，究竟要專攻哪個領域？中國是我了解卻永遠學習不盡的，而中東對我來說則是既新鮮也更加充滿挑戰。

聽我說完我的疑惑，她瞇起藍眼睛笑著說：「孩子，我做新聞這幾十年，中東也就是那樣了，但中國卻很不一樣。要知道，美國想要也需要了解中國，卻又不得其門而入，而你有語言和文化的優勢。要是我是你的話，當然選中國。」

「美國想要也需要了解中國」，這位美國老牌新聞製作人的話，如醍醐灌頂。

成爲一名白宮記者，除了能讓我們的觀衆更加了解美國，另一方面，我也能透過我對白宮官員的提問、透過我爲白宮記者團寫的共享報導，透過日常與白宮官員或記者的交流，促進白宮對中國和中華文化的了解。我在白宮的存在，也讓白宮在談論相關議題時，會考慮到現場有這麼一名華人記者會當下記錄，並即時報導。

當然，在白宮現場，我也能為觀眾帶來第一手的新聞，而不是進行二手傳播。以往，我們習慣了透過美國記者的眼睛去看白宮，然後通過翻譯的文字去了解美國，我希望改變，我希望能向我們的觀眾，講述我眼裡看到的白宮，講述我親身接觸到的美國。

「始終在現場」，這是我的初心，至今不變。

二〇一一年以來，我有幸作為隨行記者，見證並記錄美國總統和亞洲國家領導人的會晤，也成為第一位每年獲得美國總統夫婦邀請出席聖誕招待會，甚至是第一位登上美國總統專機空軍一號（Air Force One）的中文媒體記者。

成為白宮記者後，我得到了過去中文媒體記者從來沒有過的深入白宮的入場券，我的白宮義見，就此展開。

與美國其他部會不同，白宮新聞發布室的每一個座位都是特別指定席，白宮記者平時的辦公座位也都有專屬的位置。白宮記者的辦公空間僅能說是勉強堪用，其中只有三個位置靠窗，白宮外國記者團的座位就是其中之一。

不只是白宮，美國政府部會也罕有華人高官。其中，既在白宮擔任過內閣祕書，又在勞工部擔任過副部長的盧沛寧，是華人在美從政的傳奇。在他於白宮和勞工部任職時，我都有機會獨家專訪他。

盧沛寧父母親來自中國大陸，輾轉來台後，最後落腳美國。在中華文化薰陶下，於美國長大的他仍保有傳統價值觀，例如他進白宮後的第一通電話，不是打給妻子，而是打給他的母親。

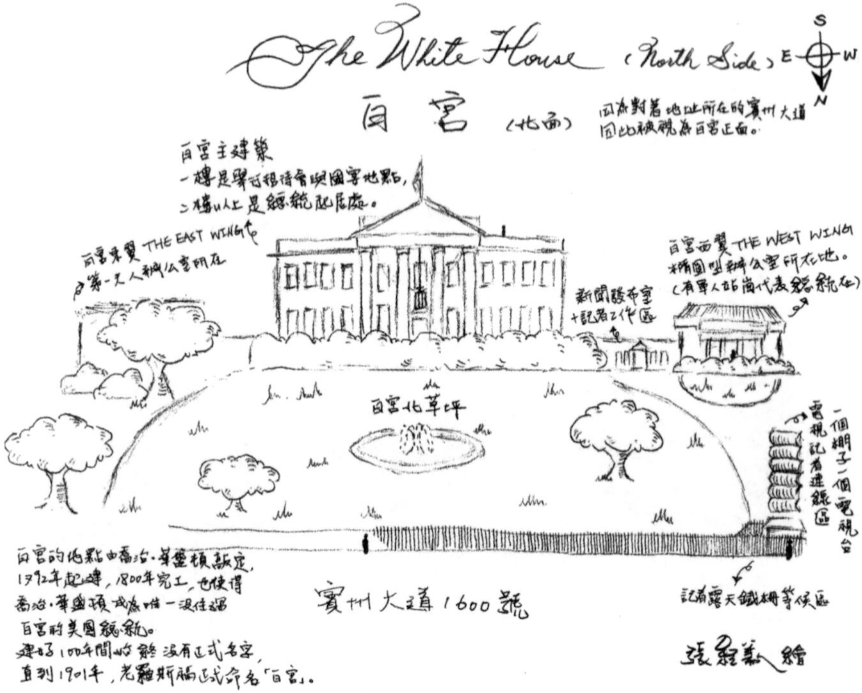
The White House (North Side)
S
E
W
N
白宮（北面）
因為對著地址所在的賓州大道
因此被視為白宮正面。
白宮主建築
一樓是舉行招待會與國宴地點，
二樓以上是總統的居處。
白宮東翼 THE EAST WING
第一夫人辦公室所在
新聞發布室
+記者工作區
白宮西翼 THE WEST WING
橢圓型辦公室所在地。
（有軍人站崗代表總統在）
白宮北草坪
一個棚子一個電視台
電視記者連線區
白宮的地點由喬治·華盛頓敲定，
1792年起建，1800年完工，也使得
喬治·華盛頓成為唯一沒住過
白宮的美國總統。
建好100年間始終沒有正式名字，
直到1901年，老羅斯福正式命名「白宮」。
賓州大道1600號
記者露天鐵柵等候區
張經義 繪

作者手繪白宮北面圖

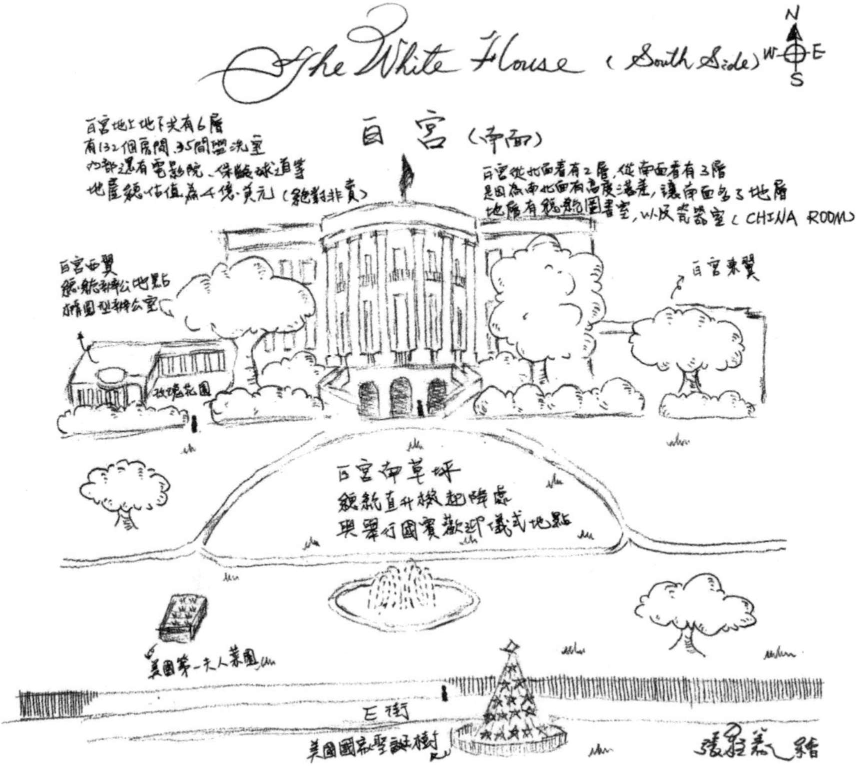
The White House (South Side)
N
W
E
S
白宮(南面)
白宮地上地下共有6層
有132個房間,35間盥洗室
內部還有電影院、保齡球道等
地產總估值為十億美元(絕對非賣)
白宮從北面看有2層,從南面看有3層
是因為南北面有高度落差,讓南面多了地層
地層有總統圖書室,以及瓷器室(CHINA ROOM)
白宮西翼
總統辦公地點
橢圓型辦公室
玫瑰花園
白宮東翼
白宮南草坪
總統直升機起降處
與舉行國賓歡迎儀式地點
美國第一夫人菜園
E街
美國國家聖誕樹
張經義 繪

作者手繪白宮南面圖

CHAPTER 2

從橫空出世到走下神壇：歐巴馬的第一任期（2009-2013）

假如我們只是等待某個人或等待某一刻，改變是不會到來的。我們就是我們自己在等待的人，我們就是我們自己所追求的那個改變。

Change will not come if we wait for some other person or some other time. We are the ones we've been waiting for. We are the change that we seek.

——美國第四十四任總統歐巴馬（Barack Obama）

二〇一六年的白宮記者晚宴上，歐巴馬最後一次以美國總統身分上台說笑，笑中帶著感傷。最後，他說了句：「能和你們記者一起並肩作戰，是我的榮幸與殊榮。除了這些，我只有最後的幾個字要說：歐巴馬，退場了。」

然後，左手丟下麥克風，右手放在脣邊吻別，瀟灑離場，緩步走到蜜雪兒身邊，親吻了她。

我和所有的記者們，一同起身向歐巴馬鼓掌致意。不論衆人贊同還是反對他，或認爲他的總統任期是功還是過，不可否認地，這位美國總統將被歷史記住：他是美國第一位非裔總統；他在美國八十年來最爲嚴重的經濟危機中上台，儘管步履蹣跚，卻還是將美國從衰退中挽回；他也將美國單邊硬幹的「牛仔外交」，拉回到多邊合作，並和中國在氣候變遷議題上有了歷史性的對話與合作。

看著歐巴馬的身影，我湧起莫名的情緒。從他二〇〇七年競選總統伊始到連任，再到最後離開總統大位，這些年來，我有著其他中文媒體記者沒有的機緣，能夠直擊歐巴馬整個總統生涯。從歐巴馬投入第一次大選到他離任，我報導他長達九年，這占了我十二年記者生涯的絕大多數時間。我從沒想過能以一個中文媒體記者的身分，如此近距離觀察一個總統，私下和他在白宮交流，甚至隨他搭上空軍一號。

人們問我對歐巴馬八年任期的評價，我一時總是難以回答，因爲確實有壞，也有好，而有些黑白其實是被選擇性顚倒的。當你越是近距離觀察一個人、花的時間越久，你就越難一刀兩斷地說這個人是黑是白，因爲每個人都是多面向的。如果輕易對一個人或一件事貼上標籤，往往代表我們對某個人或某件事了解得不夠，或者是思考得不夠。

而報導歐巴馬這總共八年的總統任期，也讓我對美國的政治和社會有了第一手最直接的觀察。

這一章，就讓我談談從歐巴馬以黑馬姿態出現在美國政壇，到他第一任期在內政上的成就和挫敗，以及此期間美國社會所出現的亂象；這亂象也產生了至今都難以治癒的後遺症，並爲川普的上台鋪了路。

「放心，你會知道他的」

二〇〇七年，我還是個研究生，在紐約大學攻讀國際關係。最後一個學期，我在NBC實習，公司總部就座落在紐約最精華地段的洛克菲勒中心。

那年秋天，雖然距離美國總統大選還有一年多的時間，選戰卻已經打響。美國選戰是相當曠日費時的，需要耗費一到兩年時間不說，投入的金錢更是可觀。尤其是總統大選前冗長的「初選」階段，往往需要將近一整年才能分出勝負。參選人通過初選，才能進入第二關，也就是獲得政黨的提名，正式成爲總統「候選人」。最終，政黨提名的候選人進行對決，才在大選之日選出總統。

我第一次注意到歐巴馬，是他和八位民主黨總統參選人站成一排進行電視辯論時。除了歐巴馬和唯一的女性希拉蕊以外，其他六位總統參選人都是白人男性，其中一位就是後來的美國副總統拜登。這已是年屆古稀的拜登第三次參加初選了，但他的人氣從來就不行，也遠遠比不上希拉蕊；而當時猶未半百的歐巴馬，知名度也沒希拉蕊來得高。

當時的希拉蕊，在當過八年的第一夫人後，還成爲紐約州史上第一位女性參議員，並且順利連任當了六年多。歐巴馬當時還只是個「菜鳥」參議員，在全國性的政治舞台僅僅活動了兩年多一點的時間，在此之前，他一直都在伊利諾州活動，全國性知名度遠不及希拉蕊。

早期，不要說一般百姓不認識歐巴馬，甚至連布希總統也不知道他是誰。和歐巴馬一樣來自伊利諾州的眾議員夏考思基（Jan Schakowsky）就回憶說，她曾別著歐巴馬的競選徽章進入白宮，與布希見面。布希看到她的徽章嚇了一大跳，不解這議員怎麼會把寫有奧薩瑪（Osama）．賓拉登名字的徽章別在身上。她立即澄清是歐巴馬（Obama），是「ba」不是「sa」。

布希聽完只回說：「我不知道他是哪位。」

夏考思基回答道：「放心，你會知道他的。」

後來結果如何，我們都知道了。

在美國，平等與自由針鋒相對

當時民主黨總統參選人相當多，多數人認為希拉蕊毫無疑問會勝出，因此沒把太多目光放在其他人身上，受主流媒體影響的我也不例外。直到有天接到NBC的主管指派，一字一句聽打記錄下歐巴馬的演說稿時，我才發覺他無與倫比的特殊魅力。

那場演說，是歐巴馬在總統初選的首站——愛荷華州，談論著如何找回美國夢。

歐巴馬把自己的身世講了一遍：他的外公在二戰結束後，靠著社會保障上了大學才有了家。他身爲單親媽媽的母親也是靠著政府救濟的糧食券，一邊完成學業，一邊拉拔他長大。

對歐巴馬來說，社會公平，才讓美國夢有成眞的可能。這也是他執政的主張。

在他眼裡，美國的社會越來越不公平，利益團體爲鞏固自身利益，用錢、用權肆意剝削社會，造成平民稅務負擔加重，不僅年輕人無力負擔大學學費，窮人也病不起，讓美國夢越來越難以實現。歐巴馬說，這就是爲什麼他當初要從年薪數十萬美元的律師，轉而從事年薪僅一萬兩千美元的社區工作，後來更投身政治的原因。

「很多人說，我的競選陣營談的是『希望政治』，」我戴著耳機看著螢幕裡的他，一邊聽打著，「不過，『希望政治』不代表希望就會讓事情變容易。這種政治，是要相信看不見的東西，是要相信這個國家可能會變得更好，並且爲這信念挺身而戰——就算這一點也不容易。」

擴大社會福利與社會公平的理念究竟是好或是壞，一直是美國左右兩派爭論不休的議題。像歐巴馬這樣的「左派」——也就是自由派——追求的是「平等」，也就是透過政府的干預，擴大社會福利的保護網。而這卻是「右派」——也就是保守派——所難以接受的，因爲右派追求的是「自由」，也就是政府干預得越少越好。

諷刺的是，在美國，「自由」與「平等」兩個詞常常一起出現，但這兩個字卻往往不容易兼容。

且不論歐巴馬追求的是什麼，他的演說確實充滿魅力，因為他喜歡引用貼近一般平民大眾的現實故事，加上他華麗的演說技巧，以及總是讓人充滿希望的言語，很容易就激起人們的情緒。而且有別於當時民主黨檯面上的老面孔參選人，歐巴馬像是一股清流，符合人們對「改變」的期待。

因此，一字一句聽完歐巴馬的演說後，讓我迫不及待想了解這一位總統參選人——不只他的理念，還有他「這個人」。

後天造就的口才：感動人心的演說藝術

歐巴馬絕對是個相當堅持理想的人，從他放著高薪的律師工作不做，非要投入社區、非要參政就能看得出來，這也是他吸引人的地方。

正是因為堅持，才訓練出歐巴馬的好口才。

與多數人的認知相反，歐巴馬並非天生的演說高手。如果看過他早期演講的影片，就會發現他講話毫無抑揚頓挫，眼神四散，神情緊張，和後來的他判若兩人。而且到了他總統任期的後期，也許是疲於表演了，如果不依靠講稿，他的言語其實頗爲乏味、無力，而且講話中有時停頓許久，一點都不吸引人。

明顯可以看出，歐巴馬的演說能力，其實是後天培養成的。

據悉，早期歐巴馬會反覆觀看柯林頓演說的畫面，學習演講的技術。因爲柯林頓確實是天生的演講者，不需要講稿就能滔滔不絕地說出容易打動人心的話語。私下交流時，無論你出身爲何，柯林頓的眼神會全部投射在你身上，靜靜聆聽，沒有一點不耐煩的神色，一時之間會讓人覺得柯林頓的世界只有你一人。

除此之外，歐巴馬對講稿也十分挑剔，一字一句都會反覆修改，有時還會把同一篇講稿念上個幾十回。不只如此，他還會特別注意自己演講時的口吻與手勢，因爲他不只想要感動在現場聆聽他講話的成千上萬個聽衆，歐巴馬更想感動的，是電視機前的千百萬觀衆。

如果仔細觀察歐巴馬的演說，不難發現，他遇到現場久久不停的掌聲時，他只會稍微停頓，然後在嘈雜的掌聲中繼續講下去，有時在現場根本聽不清他在說什麼。他其實是刻意這麼做的，這是因爲，現場觀衆重視的是感官和情緒的感受，演講的內容是另外一回事；但對無法感受到現場氣氛的電視機前觀衆來說，內容才是重點，過長的停頓反而會讓觀衆不耐煩。

所以歐巴馬的演說，字字句句打動人心，其來有自。

如果我們先拿川普的演說來與歐巴馬做個對比，會更看出歐巴馬的特質。

我多次在現場聆聽歐巴馬和川普的演說，只能說後者是「動感」，前者則是「感動」。

川普講話動感十足，就像和左鄰右舍或親朋好友的講話方式一樣，既不做作，表情、動作也即興發揮，因此很不可思議地，這使得這位美國億萬富翁被工人階級當成「自己人」；而歐巴馬講話則是感動人心，因爲每段話、每個抑揚頓挫全是字斟句酌、反覆提煉的，聽衆深受啓發，全都抬頭仰望著他，這也很不可思議地，使得這位平民出身的演講者，被大衆像「人生導師」一樣地看待。

只是感動歸感動，這卻讓普羅大衆覺得和歐巴馬距離遙遠，彷彿自己與他不在同一個維度生活似地。只是在最開始，美國選民對歐巴馬這匹黑馬，幾乎完全不了解。人們只知道他震撼人心的演說，及其與衆不同的成長背景。相較早已熟悉、心裡對她早有定見的希拉蕊，這反而成了歐巴馬的一大優勢。

有人說，歐巴馬就像「羅夏墨跡測驗」（Rorschach test）——隨意在紙上沾染墨水，你想像那墨跡像什麼，那墨跡就是什麼。人們也是這樣看待眼前這位新鮮的政治人物。人們把自己的美好想像，全投射在這位他們並不熟悉的政治人物身上，對他充滿幻想，相信他會帶來改變，卻完全不知道歐巴馬會把美國帶向什麼樣的未來。

不戲劇化的歐巴馬

歐巴馬是個嚴格要求自己，具有高度紀律的人。例如無論有多忙，即使因公務外出，他每週有六天都會花將近一個小時健身。

紀律也讓他格外能夠控制情緒。歐巴馬遇事相當沉著冷靜，幾乎不會將表情寫在臉上。從一些小細節就能看得出來。據和他打過牌的人說，歐巴馬打牌時話不多，也不輕易出牌，一旦出手就代表他有勝算。從這點也能看出歐巴馬精於算計，內心想法令人難以捉摸。

正是因爲如此，有別於一般人的印象，實際與歐巴馬接觸過的人，常常會說他讓人格外有距離感。這或許是他的教授個性使然。不過，當教授可以與外界保持一定的距離，當總統可就不行了。

特別是爲了確保執政順利，總統最重要的工作之一，就是和國會議員打交道。但歐巴馬卻很少和議員交流，更別說去到國會，或邀請議員到白宮了。這種情形，連黨內同志都很不滿意。曾經在歐巴馬政府擔任中央情報局局長與國防部長的潘內達（Leon Panetta），退休後就毫不客氣地批評歐巴馬，說他最致命的缺點就是不願和對手交涉。他說：「在我看來，比起憑藉作爲一個領導人的熱情行事，歐巴馬更加依賴過去當法律教授的邏輯。」

歐巴馬和媒體也刻意保持著距離。根據每年都會對白宮記者團進行民調的美國網路媒體 Politico 數據顯示，白宮記者團壓倒性地認爲，歐巴馬是對媒體最不友善的總統，不友善的程度甚至超過小布希。而且歐巴馬其實甚少接受媒體提問以及專訪，也讓媒體評價歐巴馬的白宮，是「最不透明」的白宮。

所以，人們暱稱他是「不戲劇化的歐巴馬」（No Drama Obama），其來有自。

所思以林肯為標竿，所為卻背道而馳

結束NBC的實習工作後，我加入了《世界日報》。此時正逢大選最後階段，而歐巴馬一如預料地，當選了美國第四十四任總統。

從選前到選後，我參與了報紙鉅細靡遺的報導，當時還寫了一篇關於歐巴馬的就職典禮是如何充滿濃濃「林肯味」的報導：包括歐巴馬連前往華盛頓出席就職典禮，還刻意模仿林肯，從費城搭火車前往；他宣誓就任總統時，用的也是林肯在一八六一年就職儀式上用過的《聖經》等等。

甚至把時間調回到二〇〇七年二月，歐巴馬在伊利諾州的首府春田市（Springfield）宣布投入競選，而那裡正是林肯的故鄉。一直到歐巴馬任期結束前的二〇一六年最後一次國情咨文，他也不忘引用林肯的話，要衆人不要因循「過去平穩時期的教條」，而要是順應時勢做出改變。

對林肯精神的追求，貫穿了歐巴馬整個總統任期。

也許是他認為自己和林肯有許多共同點：家境清寒，靠著努力成為律師；都選上伊利諾州的州議員；都在選國會議員時遭受挫敗，卻越挫越勇，最終選上了美國總統；接任總統職務時，美國也都在風雨飄搖中，政黨處於嚴重對峙。

對歐巴馬來說，他的終極追求，也許是像林肯一樣將分裂的美國團結起來。林肯的著名演說之一，講的就是「分裂之家」（A House Divided）。當時美國因奴隸制度而處於嚴重的分歧，林肯把美國比喻成一個房子，他擔憂，如果繼續分裂下去，房子恐怕會因此倒塌。林肯最終力挽狂瀾，讓美國免於分裂。

可惜光崇拜是沒有用的，歐巴馬並未像林肯一樣傾盡心力促進團結，止住美國的分裂。歐巴馬卸任前，美國不僅是不折不扣的「分裂之家」，而且分裂還加劇。在歐巴馬任期結束前一個月接受專訪時，被問到他任內有沒有讓國家團結起來並且減少政黨鬥爭，他坦言道：「我沒做到這一點。」

這一切的原因，可以追溯到歐巴馬八年任期的第一年。這一年，他的政治作爲所產生的後果，像幽靈般，如影隨形地困擾著他接下來的任期。

是歷史性的創舉，也是無止盡的爭議：歐巴馬健保

歐巴馬任期的第一年，也是他八年間最順遂的一段時光。他強力推動近八千億美

元的經濟刺激政策，並在任內花了將近六百億美元的代價拯救了美國汽車公司；更重要的，是他在二〇一〇年三月通過了「歐巴馬健保」，這是他政治生涯的最高峰，此後就是一路的下坡。

歐巴馬健保，簡單說，就是讓美國百分之十五、也就是約莫四千萬完全沒有任何醫療保險的人，也納入健保中，跟其他百分之八十五已經有醫療保險的美國人加在一起，讓美國的健保覆蓋範圍達到接近百分之百的地步。這幾乎是實踐了幾代美國自由派所追求的，讓美國像其他已開發國家一樣，成爲位列「全民健保」的國家。

美國作爲世界第一強國，卻連全民健保都沒有。

美國百分之八十五原先有保險的人，不是有公司支付的保險，就是因爲老、病、殘或者貧困，得到政府提供的保險；剩下百分之十五的人，往往是不夠老或不夠窮，加上無業或沒有固定工作，讓他們既得不到政府保險，也沒有公司保險。這百分之十五的人，如果無病無患還好，但一病起來，在美國可是要傾家蕩產的。

根據美國聯邦政府健保網站的資料，二〇一八年在美國住院三天的平均花費是三萬美元，約新台幣九十萬元。也就是說，一個普通美國人若沒有任何保險，住院個三天，半年以上的薪水就沒了。

歐巴馬的母親安．鄧納姆（Ann Dunham）就是無保的一員，她最終在負擔不了醫療費用的狀況下，五十三歲就因子宮癌早逝。因此對歐巴馬來說，通過歐巴馬健保不只實踐了「全民健保」之夢，還告慰了母親的在天之靈。

歐巴馬健保讓美國和其他已開發國家一樣，踏入全民健保之列。只是沒想到，不少美國人並不買帳。

為什麼美國人不買歐巴馬健保的帳？原因錯綜複雜，特別是利益集團的不滿，但如果真要歸結到一點的話，那就是早前所提到的美國左右之分了。追求「平等」的自由派，想讓人人享受健保；但對保守派來說，自己的「自由」卻是遭到了破壞，他們除了覺得政府插手範圍越來越大，也認為人本來就要靠自己的努力掙錢投保，沒義務替沒工作的人分攤。再者無保者也不是人人都想要保，特別是有些年輕人覺得沒必要為無保老人「當分母」，但不投保竟然要被罰款，這也讓一些無保者心生不滿。

而歐巴馬為了推動通過全民健保，犯了一個最致命的錯誤，那就是和共和黨完全對著幹。

任內第一大成就，卻成了致命傷

這裡需要簡單談一下美國國會。

美國國會分成參議院（The Senate）和衆議院（The House of Representatives，簡稱 The House）。一個州有兩個參議院議員的名額，因此五十個州便有一百名參議員。衆議院則是看各州人口決定議員人數，例如加州是美國人口第一大州，有五十三個名額；而跨入北極的阿拉斯加雖然是美國土地最大的州，但因爲人口稀少，便只有一個名額。總之，各州加總起來，一共有四百三十五名衆議員。

國會的立法程序是，當一項議案被提出後，需經過一個議院表決通過，再送往另一個議院表決；如果表決沒過，就會被退回去。就這樣，直到這兩個議院通過一模一樣的法案，才會送到總統桌上，由總統簽署，正式生效成爲法律。聽來簡單，但要讓半數以上的兩院議員支持同一個法案，那眞是困難重重，更何況是具有強烈爭議的歐巴馬健保。

因此，歐巴馬決定，索性放棄爭取共和黨人的支持，硬著幹。於是在沒有任何一個共和黨人支持的情況下，民主黨以他們當時在參衆兩院都是過半數的優勢，強行通過這份法案，送到歐巴馬桌上。歐巴馬大筆一揮，簽署生效，強渡關山通過全民健保。

對共和黨人來說，這份完全沒有任何共識，被以暴力多數通過的法案，無疑是奇恥大辱。

而對歐巴馬來說，他不與國會爲善，甚至疏遠反對黨，爲他招致了嚴重的後果。在他接下來六年多的執政之路，共和黨人不斷發起報復行動，例如光是試圖廢除這份健保法案，在歐巴馬任內，共和黨人就發起了約七十次的廢除行動。這嚴重排擠其他立法議程不說，竟然還成了二〇一三年美國政府關門，以及後來美國差點債務違約的導火線。甚至到川普上台的第一天，還直接簽了行政命令要徹底推翻歐巴馬健保，讓歐巴馬費盡心思通過的最大政治遺產，岌岌可危。

當然，要說服和自己敵對的另一個政黨的人並不容易，但也絕非不可能。例如美國第三十六任總統詹森（Lyndon B. Johnson），任內推動、通過了《民權法案》，禁止種族隔離，保護了少數族裔和婦女的權益。雖然他講話粗俗、行爲粗魯，甚至喜歡用肢體威脅他人，但是他敢做敢衝，手腕高明，在他的威脅與利誘下，反對黨都乖乖配合通過養老保險，至今保障了所有的美國老年人。

因此，白宮記者們爲了激勵（也許是譏諷）歐巴馬，希望他能積極成爲團結兩黨的美國總統，還特別在白宮記者的工作區域掛上詹森用過的五十隻筆。這五十隻放在玻璃框中的筆，都是詹森拿來簽署那些改變美國社會的重大法案所用。只可惜，歐巴馬在任內八年所簽署的法案，甚至比只當了四年總統的卡特和老布希都要來得少。

夢想要團結美國，卻以分裂手段強推立法的歐巴馬，之後不斷面臨惡果，並且在任期內未再通過任何重大立法，抱著遺憾下台。

而且，接下來包括歐巴馬自己都沒有預料到，在他第一任期後半會興起兩場運動，不僅徹底改變了美國，最終還促成了川普的上台。這兩場徹底改變美國的運動就是——茶黨運動（Tea Party Movement）和占領運動（Occupy Movement）。

就在這個時刻，我來到華盛頓，開始報導白宮。

吹響了席捲號角的茶黨風暴

二〇一〇年九月，我來到華盛頓第四個月，原本遊人如織的美國國會西側，遊客不見了，卻來了上千名抗議人士，人們舉著巨大的美國國旗，不少人全身上下還都穿著有美國國旗圖案的衣飾，有人手舉「難道是神用歐巴馬健保來懲罰我們嗎？」的牌子，還有人乾脆舉著歐巴馬的大頭照，只不過把照片裡的歐巴馬修圖成了蝙蝠俠裡的瘋狂小丑：煙燻妝加血盆大口，模樣駭人。

我拿著麥克風擠進人群，想去中間簡單搭起的講台，攝影師扛著沉重的攝影機和三腳架奮力跟著。現場幾乎沒有秩序，也沒有專門擺放腳架的位置。好不容易才終於找到一群攝影師聚集的地方，我們的腳架緊挨著其他白人攝影師的腳架放著。

「別擋在我前面，中國佬（Chink）！」

這嚴重羞辱華人的字眼，幾乎刺痛了我的耳膜，讓我愣了一下。那時我在美國生活已四年多，如此明目張膽的種族歧視，我還是第一次遇到。

其實我很清楚所有羞辱華人的字眼。人家說，學一個語言，要先學髒話，對我而言，學習髒話絕非拿來用，而是要能夠聽得懂。因爲如果對方用髒話的話，很可能是他生氣了，自己可能會遭到對方的暴力攻擊，在美國這槍枝氾濫的國家，不能不特別注意。

我回頭一看，眼前是一個白人中年男子，穿著和髮型明顯不是都市人，露出的肥碩手臂上有著刺青。我再看看他的左右，在這草坪上他還是有移動空間的，就移個半步也看得到。但他選擇不動，卻要我們離開，而明明我們的身邊也擺著攝影機，這裡明顯是可以讓媒體工作的區域。

平常如果他人禮貌性地提一句，我可能會視情況移動，但對這樣的種族歧視者，我當下選擇不讓步。如果是在美國其他絕大多數的區域，我可能會因爲生命安全而有所遲疑，但我很清楚，儘管華盛頓仍爲是否禁止攜帶槍枝爭論不休，但起碼在國會前槍枝是被禁止的。大爺見我們動也不動，便一邊咒罵著一邊悻悻然地自己往旁邊移動了幾步。

這群人就是如雨後春筍般出現的茶黨人，這也是茶黨帶給我的第一堂震撼教育。茶黨，是美國保守派當中的極端保守派，堅決追求「自由」，也就是反對聯邦政府的過度干預、反對政府過度浪費，特別反對政府增加國債以及對他們增稅。

「茶黨」這名稱，其實來自美國獨立前的一七七三年「波士頓茶葉事件」，當時在波士頓的英國殖民地人民因爲不滿英國對茶葉強制徵稅，於是在夜裡打扮成印第安人，偷偷登上英國貨船，把茶葉全倒入海裡銷毀，成爲引爆美國獨立戰爭的導火線。這群人因此被稱爲「茶黨」，此後數百年，茶黨也被視爲抗稅的象徵。

茶黨人，簡單地說，就是反對加稅、支持小政府，這理念和共和黨追求的相似，因此常被視爲是共和黨的分支。但共和黨這個大黨，或擔心選票流失，或固守既有利益，不只不敢大刀闊斧，還常常做出妥協。這些舉措看在這些不願妥協的茶黨人眼裡，簡直庸懦至極。

而這群人多半來自郊區或農村，幾乎都是白人，十分看不慣城裡的政客選前說一套選後說一套，於是集結起來發出他們的不滿呼聲。但是，由於這群人來自四面八方，也沒有太多組織經驗，因此，與其說茶黨是一個政黨，不如說是一場運動。

但，茶黨運動確實地撼動了整個共和黨。

茶黨運動和歐巴馬的上台密不可分。表面上，茶黨人不滿的，和歐巴馬一上台爲了挽救美國的經濟危機，而提出的一連串巨額救市方案有關。在他們眼裡，政府花人民的納稅錢去救大企業、大老闆，還會債留子孫的行爲，猶如眼中釘肉中刺（雖然救市行動是從布希開始的）；再加上歐巴馬健保，無疑是拿他們的血汗錢去爲那些好手好腳卻不工作的人投保，讓他們更是怒不可遏。

檯面下，美國人因爲所謂的「政治正確」不太敢明說，但從我第一次被茶黨人罵「中國佬」，到後來我在跑川普競選場合時還被羞辱的個人經歷，我可以說，這群茶黨人中，確實有一群種族歧視者，部分人士雖是打著「反歐巴馬」的旗幟，但心裡其實是對一個黑人總統上台心生不滿。所以茶黨骨子裡可以說是「逢歐巴馬必反」。

不只如此，茶黨對於拉丁裔和亞裔移民紛紛來到美國的土地上，也十分不滿。

美國種族歧視陰魂不散其實也不難理解，在美國為了解放黑奴打完損失慘重的南北戰爭後，足足過了一百年，一直到一九六〇年代的民權運動，才真正地讓美國黑人得到被平等對待的權利，從這就能看出部分美國白人的種族歧視可以說是根深蒂固。

再加上這群白人多數成長在幾乎都是白人的郊區或鄉村，宗教信仰十分單一，看見非我族類、甚至是其他宗教的非白人移民湧入搶飯碗，更視他們為眼中釘，因此一些排斥異己的白人，自然轉向擁抱白人至上主義等的思想。因此，排斥移民也成了茶黨人的訴求之一。

因為組織鬆散，所以茶黨支持者到底有多少，眾說紛紜。但在二〇一〇年高峰時期，民調指出，有高達三成的美國受訪者支持茶黨運動，粗略估算，少說在數千萬人之譜。

實際上，這群極端保守派對於川普後來的當選，有著推波助瀾的作用。

走下神壇的歐巴馬

從二〇一〇年的九月到十一月，歐巴馬上台將滿兩週年之際，我見證了他的神話幻滅，而挫敗歐巴馬的就是「期中選舉」。

美國總統一任四年，在這四年中間，必定會遇上期中選舉。這是因爲衆議院四百三十五位議員每兩年就要選一次，而且是每一個席位都要改選，因此不只每次總統大選年，衆議院就會跟著改選，總統任期中間還得再改選一次；而參議院一百位議員的任期雖是六年，但是每兩年就有三分之一的席位需要改選。同一時間，部分的州長也會跟著改選。

因此，期中選舉可以說除了總統沒改選外，和總統大選基本上沒太大區別。一選完，整個政治版圖會全部隨之改變。

由於美國總統的施政和國會息息相關，如果國會都是同黨人，一切好說，甚至還能像歐巴馬健保一樣，以多數優勢壓倒性通過立法。但如果兩院中的一個或甚至兩個都和總統不同黨，那結局就反過來了。

由於這個選舉正好卡在總統任期中間，因此被視爲是人民對美國總統任期前兩年政績的「期中考」，所以才被稱爲「期中選舉」。

二〇一〇年期中選舉和過去有所不同的是，過去幾乎都是民主、共和兩黨對壘，而這次趁著歐巴馬施政不得民心之際，本來共和黨以爲收復失土勝券在握，結果沒想到半路殺出個程咬金——茶黨。

茶黨，這第三股勢力，讓共和黨布局大亂、民主黨如臨大敵。

在美國，共和黨的象徵是「大象」，而民主黨的象徵則是「驢子」。所以當時有人說，茶黨的崛起，讓大象起舞、驢子打滾。

由於時任美國總統的歐巴馬和副總統拜登，此前都是參議員，因此他們去了白宮後在參議院留下的兩個空缺席位，也要在那一年，正式進行改選。

諷刺的是，拜登留下的參議員席位，最強力的競爭者竟然是來自於茶黨。但拜登所在的德拉瓦州一直是民主黨鐵票倉，在民主黨人力抗之下，拜登算是保住了顏面；但是，歐巴馬在伊利諾州留下的參議員席位，命運就不同了。

兵敗如山倒的期中選舉

「人們感到失望，他們覺得歐巴馬總統沒做出足夠的改變。」在走訪歐巴馬曾經任教的芝加哥大學法律系時，我聽著他的前同事、芝加哥大學政治系兼法律系教授羅森伯格（Gerald Rosenberg）這麼對我說。

那是二〇一〇年十一月，期中選舉前夕，我去了早被寒風籠罩著的芝加哥。位於美國中西部的芝加哥素有「風城」之稱，狂風陣陣不只讓芝加哥早晚溫差極大——夏天和冬天的平均溫差有攝氏四十度左右，還讓芝加哥冬天氣溫幾乎全處於零下。

而芝加哥人在歐巴馬執政快滿兩年之際，對他的熱情也像從夏天到冬天的溫差般，極速下降。

看著歐巴馬從地方教授成爲地方政治人物，再爬上國會參議員，最後成爲總統的羅森伯格說，原先對歐巴馬充滿希望的當地人，不但沒有看到太多的經濟改善，伊利諾州本身的失業情況甚至高於全國平均，而且原先承諾要團結兩黨的歐巴馬反而讓兩黨更加對峙，這都讓人們感到失望。

「如果今天是總統大選的話，歐巴馬總統將會有麻煩，但幸好今天是期中選舉而不是總統大選。」羅森伯格道出當時歐巴馬所處的政治現實。

在寒風中，我沿街採訪到的芝加哥民眾，大多數都對歐巴馬失去了熱情。如果連家鄉父老都覺得歐巴馬給的承諾太多、做的事卻太少，那結局可想而知。

果不其然，這年歐巴馬丟盡了顏面。他的參議員席位被共和黨人拿下，連帶伊利諾州的眾議員席位都掉了不少給共和黨。

兵敗如山倒。原本在二〇〇八年隨著歐巴馬勝選，奪下白宮和參眾兩院的民主黨，這一戰將眾議院徹底輸給了共和黨，甚至還造成一九四八年以來眾議院最大規模的席次變動。這二次大戰後最慘的選舉，簡直是重重打了歐巴馬一巴掌。

面對民主黨七十年來最糟糕的眾議院選舉結果，歐巴馬在選後第二天的記者會用被「暴打慘敗」（shellacking）來形容，並且坦言，他在白宮這兩年，猶如生活在「泡泡」裡，與美國民眾脫節了。歐巴馬也了解他前兩年的施政其實並不是那麼得民心，他終於發現這些做法讓百姓認爲美國政府「太過」了。

但歐巴馬有這領悟已經太遲了，大批茶黨的議員因此進了眾議院，而且整體人數還占了共和黨整體眾議員的五分之一強，將近有五十人之多。這群死忠保守派，不只爲歐巴馬接下來的執政投下巨大變數，對共和黨本身也是。

茶黨雖是共和黨的一個分支，但是行動方式和共和黨並不一致。有研究發現，在美國國會中，茶黨的投票方式，和「第三政黨」沒有兩樣，根本不理睬共和黨。正是因爲如此，茶黨人雖少，但幾乎逢歐巴馬必反、強硬又不配合的態度，成了左右美國政治局勢的一股關鍵少數，甚至還綁架了共和黨。

此後，以「兩黨」的方式來看待美國政治，其實並不完全正確，因爲「茶黨因素」從此無處不在。從二〇一一年美國主權信用評等破天荒被標準普爾（S＆P）由最高的AAA調降至AA、二〇一二年美國差點跌落「財政懸崖」、二〇一三年美國政府關門長達十六天、二〇一四年美國第二次債務違約危機，到二〇一六年力拱川普登上總統寶座等等，背後都有茶黨的影子。

而且，茶黨力量一直延續到川普上台都沒有消停。川普廢除歐巴馬健保慘遭挫敗，其實還是茶黨人搞內訌導致的，茶黨人甚至連川普都反，至今仍是美國政壇不能忽視的力量。

因此，了解茶黨成爲看懂美國政治的必修課。

美國政府十七年來第一次關門

二〇一三年十月上旬，走進白宮時，我總有一種相當奇幻的感覺。過去總是被悉心整理、環境優雅的白宮，突然變得雜草叢生、落葉滿地，還異常地安靜。原因是：美國聯邦政府關門了！

這是美國政府十七年來第一次關門，這在當時是很罕見的，和川普上來後，美國政府一年關三次門的「新常態」大不相同。不過，關門的原因倒是一樣：白宮與國會鬧彆扭。

當時三分之二的白宮職員都放無薪假，回家吃自己了。少了一票人上班，平常嘈雜的白宮，自然安靜了下來。只不過，這票白宮職員當中也包括園丁，落葉沒人掃就罷了，松鼠還大舉入侵，啃光了第一夫人蜜雪兒用來推廣健康飲食的菜園。一位留守白宮的職員告訴我：「聽說還有狐狸趁機住進白宮了，日落時就見狐狸在後花園跑來跑去，可狐狸看得到卻抓不到，因爲沒人啦！」

於是乎，因政府關門而不得不取消亞太訪問行程的歐巴馬，只好就這樣和狐狸一起住在白宮。

而這長達十六天的政府關門，也和茶黨人脫不了關係。

美國政府會關門的原因出於美國的制衡架構——白宮要讓行政部門運作的預算，得由國會批准。假如白宮和國會談不攏，政府預算批不下來怎麼辦？那自然就沒錢發薪水，政府職員不是家裡蹲，就是暫時從事無薪工作；整個政府的一部分運作停擺了，那麼政府也就算關門了。

而二〇一三年美國政府會關門，確實和預算談不攏有關，因爲美國政府每年的財政年度是十月一日，也就是在這之前國會不批預算，那政府就得關門。很巧，或者說是很不巧地，二〇一三年的十月一日，也是極具爭議的歐巴馬健保上路、開放登記的日子。這兩者撞在一起，等於讓茶黨人一下子拿到兩張王牌——廢除歐巴馬健保可是茶黨上台的主要政治承諾。他們於是藉機提出：要國會撥款可以，但是歐巴馬健保必須延遲上路，不然就等著政府關門吧。

茶黨人盤算著，歐巴馬一定會在最後一刻投降。

只可惜他們誤判了。全民健保可是歐巴馬的心血結晶，還會讓他留名青史，他怎麼可能輕易放棄。於是，歐巴馬狠下心和茶黨對著幹，政府關門就關門吧。

這下子夾在歐巴馬和茶黨中間的共和黨人就尷尬了。他們確實是想要廢除歐巴馬健保，但是他們也清楚知道，不管喜不喜歡，歐巴馬健保畢竟是美國國會通過、總統正式簽署生效的法律；再者，美國聯邦最高法院也判決歐巴馬健保完全合法，並沒有違憲之虞。光是為了反對而反對，導致政府關門，共和黨人可是要承擔巨大政治責任，甚至還會遭到選民唾棄的。

所以不少國會共和黨大老，一開始是滿心不願意和茶黨摻在一塊，進行「自殺任務」的。於是為了要讓共和黨人就範，茶黨人使出殺手鐧：拿選票做要脅。因為第二年，眾議院又要進行全面改選了。

「雖然茶黨人在眾議院就五十人，但他們警告超過兩百名非茶黨的共和黨眾議員：如果你們不跟我們站在一起，我們就招募茶黨人來參選，挑戰你們的現有席位。」屬於共和黨溫和派的新澤西州前州長惠特曼（Christine Whitman），接受我採訪時說：「因為這些共和黨議員的地盤，有許多茶黨支持者，這使得他們比起擔憂國家的前景，更擔心自己席位不保。」

同樣的狀況，在川普上台之後，也再次出現。

不少人會問我：明明美國國會的共和黨人普遍還是溫和派居多，為何這些共和黨議員會對政策極右的川普言聽計從？其中有些議員甚至在大選期間還是最大聲抨擊川普的人。原因之一，一樣在於川普有能力號召支持他的底層群衆，力拱聽他話的支持者出來選，換掉在位的溫和派議員；後者爲了保住好不容易爭取來的席位，無論是自願或非自願，只好紛紛遵從川普的主張。

置烏紗帽於國家整體利益之上，老牌民主國家的政治人物也不例外。總之，當時茶黨藉此招式，將共和黨和自己捆綁在一起，加入和歐巴馬「開車對撞，看誰先閉眼」的政治遊戲中。

結果，一直到九月三十日，雙方都沒人願意讓步。於是邁入第二天時，美國聯邦政府只好關門。

十二個小時後，歐巴馬臨時宣布召開記者會，我原以爲會有大批記者湧入，結果大出所料，亞洲面孔的記者除了我和一位日本記者以外，就沒有了。原因是大批白宮職員被迫休假，因此再無人力接沒有白宮記者證的外國記者進入白宮了。

記者會上，歐巴馬口氣強硬地說，爲了通過預算，他什麼都願意談。可是健保和預算是兩碼子事，綁在一起談他絕不會接受：「這幫人讓政府關門就爲了意識形態的鬥爭，就爲了讓上百萬美國人得不到歐巴馬健保。」他怒氣沖沖：「這些人當了議員，還想要贖金！」

他最後丟下一句話：「政府是關了，但歐巴馬健保照樣開張上路！」

美國政府就這麼持續關門了十六天。雖說是關門，但美國政府在最基本的層面還是在運作的。當時的兩百一十萬美國政府雇員，還是有一百三十萬人上班，像是軍警、醫護、航管等，他們被稱爲「必要職員」，但他們都是工作卻沒薪水可領，要等到國會批准預算才回過頭來爲他們補上薪水。另外八十萬被稱爲「非必要職員」的人，統統都被要求放假回家。

就在雙方僵持不下時，一陣「東風」襲來，某種程度上拯救了歐巴馬。

當時，一個熱帶風暴沿著當初造成一千五百人死亡的卡崔娜颶風的路徑，朝著美國本土襲來，而專門應對自然災難的聯邦緊急事務管理署（FEMA），卻有九成的員工在休無薪假。於是許多員工爲了大局，不顧沒有薪水仍自願前去上班，可在上完班之後，又被迫休無薪假。但這倒成了歐巴馬的表演場合，他特別前往聯邦緊急事務管理署表達感謝，同時也顯示出國會共和黨人和茶黨人爲了政治鬥爭不管百姓死活的嘴臉。

美國媒體也是一面倒攻擊共和黨人。在政府關門期間，美國三大電視網晚間新聞裡一百二十四條相關新聞，有四十一條怪罪共和黨人、十七條兩黨都怪，就是沒有一條單獨怪罪民主黨人。這即是如第一章所述，和白宮以支持民主黨的自由派媒體爲多有關。

總之，在媒體一面倒地播送下，人民一聽似乎有理：不管大家對歐巴馬健保是如何愛恨交加，國會議員的工作應該是談美國未來的「前」景和「錢」景，而不是回過頭廢除已通過的立法吧？於是，風向開始越來越不利於共和黨人。共和黨人急得跳腳，最後終於遞出橄欖枝，讓美國政府重新開門。

歐巴馬看似勝利，共和黨看似大敗，那茶黨呢？

茶黨可沒認爲自己輸了。茶黨支持者認爲他們「以少勝多」，差點撼動了歐巴馬健保，實屬勝利。仔細想想，茶黨議員就只要贏得選區裡的區區幾十萬張選票，就能站上國會殿堂，殺得老牌共和黨人措手不及，還能與贏得六千五百萬張選票的歐巴馬一較高下，以少勝多，那還不是勝利嗎？

布希時期的白宮副發言人弗拉托（Tony Fratto）這樣對我說：「美國政治的現

狀，已經不是兩邊都有意妥協而往折中點邁進，而是兩邊都衝著相反方向走，永遠都走不到折中點。」

確實，在這一事件後，美國政治越來越朝兩個極端走去。

迥異於茶黨的一群人：逐步走向兩個極端的美國社會

經過政府關門一役，人們看清茶黨爲反對而反對、帶著自毀性的本質後，茶黨勢力有所衰退。但是，他們仍持續對歐巴馬接下來的執政造成巨大阻礙，並且在檯面下還積極動員著，希望在二〇一六年推出能代表自己的總統候選人。

茶黨人屬意的人，要能挑戰現有體制、要敢於批評美國政治人物是一群個個不幹正事的僞善者，而且更要挑戰檯面上的共和黨人，因爲在茶黨人眼裡，這些共和黨人並沒有堅守保守派的立場，反而處處和歐巴馬妥協。

因此，早從二〇一五年，茶黨支持者便開始尋找自己的總統人選，因此沒被政治大染缸汙染的「政治門外漢」也紛紛端上了檯面。像是女強人前惠普總裁菲歐里娜（Carly Fiorina）、傳奇腦神經外科醫生卡森（Ben Carsen）等都受到擁護，其中最受矚目的，還是地產大亨兼真人秀主持人——川普。

這樣的狀況，讓一些充滿執政經驗，作風穩健的總統參選人受到嚴重排擠，這其中包括一開始眾人最看好的參選人、父親和哥哥都當過美國總統的傑布．布希（Jeb Bush）。他，正是這些茶黨人所不喜歡也不信任的「建制派」（establishment）。

「建制派」一詞在美國政治上相當常見，指的就是政治圈內人。好聽一點指的是菁英階層，難聽一點就是既得利益者，也就是在政治圈打滾多年，熟知遊戲規則，也可能從中撈得一些個人好處的人。

這些建制派，正是極右派的茶黨支持者最看不順眼的。不過，茶黨人卻不是唯一一群異議分子。

在歐巴馬第一任期，還出現了另一群人，他們同樣看不慣建制派，但他們的主張卻與追求更多「自由」的茶黨人南轅北轍，這群人位於美國政治光譜的極左，追求更多的「平等」。他們以「占領者」（Occupiers）的姿態出現，轟轟烈烈地「占領華爾街」（Occupy Wall Street），而且還將占領運動擴散至全美，甚至擴散到了其他國家。

這群極左分子，和一般追求平等的民主黨人不同，他們並不想穩中求進，逐步達成美國的平等，像是種族平等、性別平等、減少財富差距等。他們希望的，是以較激進的方式推翻現有制度，並建立起一個幾乎是「社會主義」似的平等社會。

過去，在和蘇聯冷戰的背景下，奉資本主義爲圭臬的美國人聽到共產主義或社會主義無不感到恐懼，但冷戰結束至今已快三十年，越來越多沒有冷戰記憶的新一代，開始參與美國的民主政治。

二〇一八年中，蓋洛普的一份民調破天荒指出，民主黨支持者對社會主義的好感更勝資本主義，有高達百分之五十六的民主黨人對社會主義抱持正面看法，相較之下，正面看待資本主義的只有百分之四十七。這是蓋洛普有相關民調以來，頭一次出現的狀況。

這一全國性支持社會主義浪潮的開端，就是二〇一一年的占領運動。

從那一刻開始，占領者也和茶黨一樣，徹底改變了美國的政治版圖，甚至促成了川普的當選——雖然很多人並無意這麼做。

全美串聯的占領運動：以極端方式追求「平等」

二〇一一年十一月的華盛頓，已寒風陣陣、落葉飄零，可離白宮最近的公園之一——麥佛森廣場（McPherson Square）——卻是人聲鼎沸，因爲有近百人已經在這個公園紮營了一個多月，甚至還住了下來。他們是「占領華盛頓」者，和紐約的「占領華爾街」運動遙相呼應。

這公園本來只有中午時分會有上班族前來坐在長椅上吃飯，或者夜裡有流浪漢在此過夜，平常並沒什麼人氣。不過，這年深秋可不一樣了，公園裡密密麻麻地滿布帳篷，而且帳篷還分了類，除了供人下榻用的，還有指揮中心帳篷、醫療室帳篷、廚房帳篷，甚至還有圖書館帳篷，專供占領者無聊時借書閱讀，打發時間。帳篷和帳篷間甚至貼了路牌，指示人們該怎麼走。

占領者雖和茶黨支持者一樣討厭建制派，但他們和茶黨人比較起來，完全是兩個世界的人。

首先，他們的穿著和茶黨支持者大不相同，相當隨性，各種民族風混搭、五彩繽紛，有點嬉皮的感覺；而茶黨人幾乎清一色都是白人，占領者的膚色則是白的、黑的、褐的都有。而且比起茶黨人的排外，占領者對各種族的人幾乎是來者不拒。

占領者的年紀也比茶黨人輕得多，而且不像茶黨人看來都是有家有室，這群占領者看來沒有恆產，感覺可以隨時逐水草而居。從中其實也能看出收入的差距：茶黨人有恆產，所以希望政府少干預，別碰他們的錢；占領者無恆產，所以希望社會能公平，政府能干預最好，不能的話，他們就自己來改變現狀，反正也是一窮二白，沒有損失。

時間到了正午，有人架起鐵架升起爐火，掛上一個大鐵鍋開始煮食物。那場景既像園遊會，也像野營，更像電影裡中古世紀的歐洲小市集，只不過地點是在華盛頓市中心最精華的地段，十分格格不入。

我找了個人問：「你們爲什麼在這？」

「因爲我們受夠了！百分之一的人竟然享有美國三分之一的財富，太誇張、也太不公平了。這個現狀必須被打破，貧富差距必須得到修正，所以我們才要聚集在白宮附近抗議！」這人一臉鬍鬚，儘管冬天了，但還是聞得到他的體味，顯然有一陣子沒洗過澡了。

然後我接著問下去，才知道他大學畢業時遇上金融海嘯，找不到工作，打了幾份工，覺得沒意思，就索性全職抗議。他對美國政府花大錢拯救那些導致金融危機的銀行尤其不滿，他認爲這筆錢應該拿來救助特別是像他這樣的老百姓。我問他，那占著公共用地住下來，有什麼用呢？

「抗議熱潮通常一天兩天就過了，只有住在這，天天抗議才有用，才有人看見，才有人聽見。」他說：「而且我們是全美性的運動，全美各地都互相聲援著。」

「那抗議完就能有工作了嗎？」

面對我突然的問題，對方沉默了半晌才說：「可能不會，但現狀應該會有所改變的。應該……」

語畢，他轉身加入其他占領者，鋸起了木頭。其他幾個占領者正寫著標語，想必是爲了第二天大規模的全美串聯，因爲占領華爾街的行動即將堂堂進入第二個月。

整個占領運動的開端是這樣的：二〇一一年九月十七日，幾百人到紐約華爾街抗議，他們認爲大銀行的貪婪造成了美國金融危機。危機後銀行不但拿了大筆政府援助自肥，還用錢操控了美國政治，讓當時的美國百姓處於百分之十的高失業率困境中。

接著，這群帶了帳篷的人發起了占領活動，在華爾街附近的公園住了下來，持續抗議。起初，美國主流媒體幾乎沒有什麼報導，認爲這是嬉皮式的小打小鬧，沒想到一場紐約警察的驅趕行動，改變了整個局面。

當時，多位警察拿起圍欄，圍住一群幾乎全是女性的抗議者。手無寸鐵、穿著T恤的她們驚慌失措。然後一名男性員警走了過去，拿起一瓶辣椒噴霧，朝著所有被困住而動彈不得的女性臉上噴去。一時哭喊聲、尖叫聲四起，她們無助地哭跪在地上。

而同樣朝抗議者臉上猛噴辣椒噴霧的場景，也在其他地方出現，影像多數還都不是主流媒體拍的，而是抗議者自己拍下、再上傳到社交網路上的。當這樣的影像傳遍各地，激起大規模憤慨後，主流媒體就開始跟進了。

原本零零星星散落美國各地的示威行動，於是越演越烈，幾乎所有主要城市都出現了占領者，一度有六百個大大小小的社區都出現了占領行動。首都華盛頓自然也不例外，吸引了來自全美各地的占領者。

十一月十七日，占領者全美大串聯的日子到來，進入備戰狀態的，除了警察以外，還有記者。

一開始遊行還是相當和平的，數百人沿街不斷喊著：「我們被出賣了！」「我們是那百分之九十九的人！」等口號，象徵他們對居於金字塔最頂層、操控美國政經局勢的富有人士的不滿。

我則是拿著麥克風和攝影師一起，亦步亦趨地跟著抗議者。行經幾家銀行時，我發覺雖然是當天上班日，但銀行罕見地大門深鎖，站在外面的警衛，緊張地看著抗議人士。

其實為了防止發生衝突，警方早已封鎖了華盛頓長達六公里的主幹道，封鎖區內警車、裝甲車，甚至是馬匹都警戒著，交通一下子陷入癱瘓。雖然部分區域真的爆發了衝突，警察也一樣以辣椒噴霧來對付抗議者，場面一片混亂，但所幸沒有發生流血事件。

我在現場實地觀察發現，抗議人士的組成相當紛雜，有抗議華爾街的、有抗議政府的、有抗議中東戰爭的，連抗議黑人受到歧視的也來了，感覺起來像是抗議者的大雜燴，訴求很多，也都很廣泛，但卻並不明確。如果硬要說他們在抗議什麼的話，他們更像是在發洩自己對現狀什麼都不滿意，也沒有提出任何實際的解決之道。

這個運動沒有實際的領頭人，靠的都是各地的自發組織，遙相呼應，這也導致所謂的占領運動，變得有些像烏合之眾。大多數人雖然有些追求，但也有不法分子混入，非禮事件時有所聞，有些地方甚至還設立起女性專用帳篷區，龍蛇雜處的情形可見一斑，因此輿論並未給予太高的評價。

占領運動結束，極端力量卻興起了

很快地，時序進入了十二月。華盛頓特區雖然位於美國北方和南方的交界處，甚至有時候會被歸爲南方，但就緯度而言，美國的「南方城市」華盛頓其實和中國北方的北京相當，都接近北緯四十度，所以華盛頓的冬天其實是相當寒冷的。

在寒冷中，天天住在帳篷裡，顯然並不舒服，於是各大城市的警方開始積極清場，也因此暴力事件頻傳。紐約等城市的占領運動在二〇一一年結束前，幾乎都被強行清理。在此期間，華盛頓卻是意外地平靜——直到傳出有占領者在公園裡蓋起房子來。

沒錯，在公園裡蓋房子。原來之前我在公園裡看到的那位占領者，他之所以鋸木頭爲的不是別的，而是想要在公共土地上蓋房子，以躲過嚴寒。這種荒唐事，讓華盛頓警方坐不住了，決定夜襲，在混亂中拆掉還沒蓋好的木架子。而此前也爆發了一起占領者趁夜偷偷跑進一所廢棄的學校，異想天開想占領並入住的事，該事件最終也是以夜襲衝突而落幕。

占領華盛頓的勢頭一直維持到了二〇一二年。一直按兵不動的華盛頓警方終於下了一月三十一日清場的最後通牒。當時，占領者做好了最後一戰的準備。結果時間到了，警察並未出現，占領者雖然感到意外，卻也因此放鬆了戒備。就在這個時候，警方展開了突襲，總算終結了爲期三個多月的占領華盛頓運動。

距離白宮如此之近，爲何占領華盛頓的運動能如此被容忍？一部分的原因是，占領者中有不少人其實是歐巴馬的選民。根據紐約市立大學（CUNY）對紐約占領者所進行的民調顯示，占領者中有百分之四十參與過二〇〇八年總統大選的競選活動，且主要都是替歐巴馬陣營工作，因爲他們深深相信歐巴馬競選時的口號：「改變」。

但，顯然改變沒有如期而至，而且他們對歐巴馬無法適當處理和華爾街的關係感到失望。特別是歐巴馬當時的財政部長蓋特納（Timothy Geithner）和幕僚長戴利（William Daley），都是標準的華爾街出身的人士。所以他們放棄了歐巴馬，直接挑戰華爾街與美國政府間的利益糾葛。

民調研究者就說，占領運動的出現，與他們對歐巴馬的失望息息相關。不過，歐巴馬不願得罪、更不願輕易放棄這些選民，特別是沒過多久他就要競選連任了。所以從一開始，歐巴馬就沒有指責過這些人破壞社會秩序、占領公共區域的行爲，而且還屢屢在公開場合表示，占領者的心聲，他都聽見了，還說：「我們和他們（占領者）是站在一起的。」

而在私下，歐巴馬更擬定競選連任的戰略爲攻擊華爾街，試圖把問題推到共和黨頭上，稱共和黨才是華爾街的同路人，且積極要推翻他金融改革的成果。

但是歐巴馬釋出的善意，占領者似乎並不領情。

我當時問了一個占領者，他只淡淡地回應：「我很高興他了解，但這沒有任何意義，了解也沒用。」

我接著問：他二〇一二年會投給歐巴馬嗎？

「我會再投他票嗎？我並不想共和黨人入主白宮，因爲共和黨人只會毀了美國。但老實說，現在我覺得投票已經失去意義了。」

這也是占領者這一支美國極左勢力的悲哀，他們不願投票給右派的共和黨，對民主黨又感到失望，進而導致他們投票意願低落。而群龍無首的占領運動，也就這麼曇花一現，在歐巴馬任期結束前再沒有效組織起來過。

無論如何，民主、共和兩黨各自最爲極端的一支勢力都在歐巴馬任內興起，絕對是改變美國政治的歷史性事件。從此，美國政治走向極端對極端，這也代表美國已經不再是過去立場都偏中間的兩黨政治。

因此，二〇一六年出現政治立場極右的川普與極左的桑德斯（Bernie Sanders），也成了歷史的必然。

茶黨和占領運動方興未艾之際，正是歐巴馬投入競選連任的關鍵時刻，我也緊跟著歐巴馬的腳步，親歷了一場美國總統競選連任之路，接下來更見證了歐巴馬充滿挑戰的第二任期。

為了和白宮記者打好關係，美國總統通常會出席白宮記者協會的晚宴，這也成了一項傳統。圖中即為歐巴馬在白宮記者協會晚宴上致詞。

白宮記者在工作區域掛上詹森用來簽署重大法案時所用的 50 隻筆。只是歐巴馬 8 年任期所簽署的法案，甚至比只當了 4 年總統的卡特和老布希都還要少。

CHAPTER 3

種族衝突加劇，槍枝管控無力：歐巴馬的第二任期（2013-2017）

眞正的危機往往隱藏在微不足道的事件中，以至於被忽略而難以察覺。

The real crises are often concealed in occurrences so trivial in appearance that they pass unobserved.

——美國第一任總統華盛頓（George Washington）

如果要我說，採訪歐巴馬這些年，印象最深的經驗之一有哪些，我一定會說：採訪他二〇一二年的競選連任之路。

那時，我緊追歐巴馬的腳步，兩度前往美國中西部和俄亥俄州，每天睜眼和閉眼看到的都是單調至極、一望無際的玉米田，採訪路上蚊蠅不斷侵襲不說，不知名的昆蟲還像發現珍饈般鑽進我的褲管或襯衫裡，爬得我渾身發癢，咬得我傷口腫脹。

但，這卻是眞正跑過美國總統大選記者的必經之路。因爲美國總統候選人可以放著紐約、洛杉磯等大城市不去，但中西部幾個農村與工業州卻不能不跑，而且還必須三天兩頭地勤跑。因此，跑選戰的記者，不可能不去中西部。

爲什麼呢？因爲在美國，如果說有哪個區域能眞正決定最終的大選結果，那非中西部莫屬；如果說拿下哪個州就一定當得上總統，那就只有俄亥俄州了。

美國的中西部猶如中國秦末的關中，俄亥俄州就好像是咸陽——誰得，誰就稱王。

如果將美國民衆在總統大選時的投票傾向，粗略地劃分的話，大概能分成五個區塊：首先是紐約所在的「東岸」和洛杉磯所在的「西岸」，這兩地移民多，立場傾向民主黨；從西岸往內陸推移的「西部」，和衆人對西部牛仔的印象一樣，以小鎮農村爲多，立場傾向共和黨；接著是德州所在的「南方」廣袤大地，由於蓄奴等歷史因素，這裡也傾向共和黨。

於是被夾在中間的「中西部」，便成了選戰的關鍵，而且此地選民的投票傾向往往難以預料。

一般來說，鄉鎮的人比較保守，宗教信仰強烈，反墮胎、反同性戀，主張擁有槍枝，所以普遍支持政治理念偏保守的共和黨。但鄉鎮中的工廠工人，卻偏向支持民主黨，這不是因爲他們的思想相對開放，而是他們的生計與工會息息相關，而民主黨又較常爲工會出頭的關係。

中西部的俄亥俄州就是這種角力最好的縮影。該州北部有一小部分與汽車重鎮接壤，人口集中，工廠工人多；南邊則是廣大的平原，地廣人稀，務農人口多。看起來，支持民主黨和支持共和黨的選民似乎勢均力敵，但偏偏他們又常因爲經濟和社會因素的變動，改變立場。

搖擺的俄亥俄州因此造就了一個很特殊的現象：從一九六四年的詹森總統以來，超過半世紀的時光，只要俄亥俄州多數選民支持哪位總統候選人，那人就會入主白宮，從來沒有例外。二〇一六年俄亥俄州多數選民支持了川普，而川普最終也成了總統。

換句話說，五十二年來，沒有任何一個總統候選人輸了俄亥俄州還能贏得大選的。於是想選總統，就必定要到中西部，尤其是俄亥俄州拜碼頭。

競選連任之路，揭開序幕：到中西部搭大巴

二〇一一年，我正式成為白宮記者團成員的三個月後，歐巴馬拉開了競選連任的序幕。他搭上了一輛媲美「空軍一號」，被暱稱為「陸地一號」的高科技大型巴士，前往中西部，為連任造勢。

於是，我也第一次有機會跟著白宮記者團出發，搭著一輛紅色巴士，在中西部的農田裡緊追著歐巴馬的黑色大巴，採訪他競選連任之路。

這次的造勢活動尚未前往俄亥俄州，而是在三天之內走訪中西部三大州：從與加拿大接壤的明尼蘇達州出發，行經初選的必爭之地愛荷華州，最後到達歐巴馬的「大本營」伊利諾州。

相較於大剌剌的川普，就任第一天就表達競選連任的意願、第一個月就展開造

勢活動，甚至才一年就宣布二〇二〇年選戰的總幹事；歐巴馬的競選連任之路十分保守、謹慎。一般來說，美國總統都是做滿兩年才會宣布要競選連任，這樣選民對任期過半的美國總統表現如何心裡也有個底。但歐巴馬卻是在擔任總統足足超過兩年半後的二〇一一年八月，才宣布要競選連任，從這裡，也能看出歐巴馬的謹小愼微。

當「美國製造」淪為口號

歷來，美國總統候選人爲了表示親民，通常是搭著巴士來到會場，然後跳下巴士和選民打成一片。

不過，這次歐巴馬搭的巴士不同，是美國第一輛爲總統量身打造的巴士。

過去，美國總統的巴士都是租來的，租車行也不清楚是租給誰。特勤人員會先對巴士做全面的改裝，租約到期後再恢復原狀，一點蛛絲馬跡都不留地還給租車行。但也許是太過費事，也許是想確保總統的人身安全和通訊保障，二〇一二年的總統大選，特勤局便特別購入了兩輛特製巴士，一輛給現任總統使用，一輛給在野黨的總統候選人使用。

這特製的巴士，光車體本身，一輛就要價一百一十萬美元。據媒體報導，這可是一輛全防彈巴士，車門比其他巴士足足厚上一倍，輪胎也是防爆、防彈的，而且除了可配備武器，並安裝了特製的「祕密通訊設備」外，爲因應可能的毒氣攻擊，裡面甚至還有自給自足的氧氣供應設備。

這輛外表只有印上總統徽章的純黑色「移動堡壘」，開動時，亮眼的紅燈和藍燈不停閃爍，前後約有三十輛車跟著，包括我當時所搭乘的記者巴士（記者巴士內裝很一般，只有開車的司機明顯看得出來是特勤人員）在內，沒有任何車輛能夠接近。空中偶爾有直升機盤旋，而車旁總會有當地警察騎著重型機車護衛，然後再外圍才是站在路邊看熱鬧的民衆。

不過，相當尷尬的是，這兩輛特製巴士竟被證實是加拿大生產的。

雖說當時確實僅剩一家美國本土公司有能力打造這樣的交通工具，但是美國總統的專用巴士竟然得要靠加拿大生產，顯見美國產業外移的嚴重程度，這也是後來川普「讓美國再次偉大」的口號能打進部分人心的原因。當時，歐巴馬爲了緩解尷尬，屢屢在造勢活動上說，美國人現在老開著外國車，他也想讓外國人開美國的福特和克萊斯勒。

「我想要把美國貨銷往外國，上面印著幾個大字：『美國製造』。」整趟巴士之旅，歐巴馬在發表演說時幾乎都會講這句話，講完台下總是歡聲雷動。然後呢？然後就沒有了。這句話終究淪爲競選口號。

所以老實說，川普的競選口號其實也沒什麼新意，他只不過是說出美國選民一直都想要的，選民其實也都聽過類似的說法。但川普與一般政客不同、又令人摸不著頭腦的強硬態度，也真讓選民相信他會說到做到，最終才投了他一票。

「回家真好」

跟著美國總統到中西部採訪，行經的全是名不見經傳的小鎮。

由於鄉村條件不足，大多數造勢活動，都乾脆在剛收割完的玉米田上舉辦。台上往往只有一個木製的簡易平台讓歐巴馬進行演說，老百姓則坐在捆紮成堆的乾玉米稈上。特勤人員因爲沒有制高點，不得不爬上巴士，拿著狙擊槍四處張望；我們則直接被丟在滿是玉米梗的玉米田中央，上面擺著幾張塑膠桌椅，這就成了記者邊聽歐巴馬講話邊打稿的簡易辦公地點。

在大太陽的曝曬下，基本上是看不到反光的電腦螢幕的。於是有些記者只好拿襯衫包住頭和電腦，在陰影中努力看清螢幕。我跟著有樣學樣地脫下襯衫，卻因此成了蚊蠅和不知名昆蟲飽餐一頓的美食。大概是蟲子也怕熱吧，拚命往我衣褲裡面鑽。美國中西部的昆蟲攻擊力可是相當驚人的，蚊子甚至能穿透褲子叮人。主要原因是當地冬天嚴寒，因此夏天一到，昆蟲都迫不及待地汲取養分，我們自然就成了牠們眼中肥美的盤中飧了。

室外的造勢活動就已如此令人難忘，沒想到室內更令人咋舌。

我還記得最後一天，跟著歐巴馬回到伊利諾州的一個小鎮。這個小鎮只有一千人口，可是沿路竟然插起了九百張美國國旗，用旗海來熱烈歡迎歐巴馬的到來。

由於當地實在沒有什麼像樣的聚會場所，於是造勢選在當地稍具規模的肥料工廠舉辦。當天，小鎮一半的人口爲了一睹總統眞容，紛紛擠入這個狹小的空間。肥料工廠裡沒有空調也沒有電風扇，夏天廠裡又異常悶熱，人們幾乎是汗流浹背地貼在一起。加上幾十個也擺在室內的流動廁所。空氣中，汗味、肥料味和不知名的臭味混合起來，侵襲了每一個人的肺。我在現場吸了足足快兩小時這樣的空氣，那味道留在我鼻腔三天都散不去。

渾身溼透的歐巴馬顯然並不介意，還反覆說著：「回家真好！回家真好！」這趟是歐巴馬二〇〇九年入主白宮以來，第一次的競選造勢活動。在華盛頓時總是精神緊繃，每一句話都得要思考老半天才吐得出來的歐巴馬，完全脫胎換骨，回到世人所熟悉的模樣：精力充沛、口若懸河。

回家真好。

在俄亥俄州大打「反中牌」

第二年夏天，歐巴馬的巴士之旅終於來到俄亥俄州。

就在出發的前一刻，忽然傳來一則消息：歐巴馬宣布，要針對中國向美國製造的汽車課徵反傾銷與反補貼的「雙反稅」，向世界貿易組織（WTO）提出投訴。

到了俄亥俄州，歐巴馬一下巴士就對選民說：「今早我的政府對中國採取新的行動，要求中國對傷害美國汽車工人的不公平貿易行徑，負起責任！」台下民眾響起呼聲。

在見選民前投訴中國，秀味十足，也很對當地選民胃口。

歐巴馬一講完我立即拿著麥克風採訪現場民衆。有人毫不客氣地說：「跟墨西哥等國家比起來，美國因爲中國損失了最多製造業的工作。過去俄亥俄州有很多產業的，現在全沒了。」還有人說：「外包是我們面臨的重要問題之一，這個現象由來已久，中國的鋼鐵與許多貨物都在這個區域大量傾銷。」

不過，現場還是有理性的聲音。有民衆這樣告訴我：「當民衆的工作受到損害，他們就需要尋求代罪羔羊。沒辦法，中國就是最大的目標。」

總統大選期間，我們老是看到候選人大打反中牌，主要原因之一，就是他們必須取悅工人選民，而這些工人選民大都聚集在美國的中西部。

爲什麼是中西部？這可是有歷史和地理典故的。美國中西部依賴五大湖而起，有「北美地中海」之稱的五大湖交通之便利舉世罕見：往南，直通貫穿美國的密西西比河，貨物能直接運往墨西哥灣；朝東，經運河直通大西洋，貨物直達歐洲大陸；朝西，鐵路網絡四通八達，直抵太平洋，貨物運往中國、日本等地毫不費力；向北，則大半加拿大都是腹地。

中西部占了如此地利之便，所以十九世紀就已吸引大批工業進駐。在汽車業崛起後，這裡更搖身一變成爲汽車生產的重鎮，所以不只早期白人移民大量湧入，二十世紀以後黑人也是大舉從南方遷入，因此才讓完全不靠海的芝加哥躍身成爲全美第三大城市。

由於位處內陸，中西部不像東岸或西岸那麼多元，當地最大的產業就是製造業，百分之十五的人口，也就是近五百萬人直接從事製造業，遠超過全美其他區域。而中西部的製造業更間接養活了當地百分之四十左右的其他產業。可以說：製造業興，中西部興；製造業衰，百業蕭條。

因爲產業並不多元，也導致他們對來自製造業大國——中國的產品，格外敏感。所以爲了取悅這個兵家必爭之地的選民，打反中牌是必然的。透過媒體反覆播送，也讓選民容易留下「中國的製造業威脅著美國」這樣的印象。

想當然，中國製品對美國消費者帶來的好處，自然不會在這種場合被提起。

工人與農民，為什麼候選人總是選擇與前者站在一起？

跟著歐巴馬的中西部造勢之旅，令我印象深刻的，還有那裡的土地和農民。

連續數日，每天早上起來就是趕路，眼前所見，全都是玉米田。一直到日落前所能看到的，還是玉米田。見不到一座山，偶而才有幾條小川。難得經過幾個人口不超過千人的聚落，從村頭到村尾，也就短短五分鐘車程，然後又是一望無際的玉米田。夜裡趕路時，除了偶有的老舊昏黃路燈，更多時候，唯一的光源就只有車頭燈，然後周遭永遠是漆黑一片的玉米田。

這還是此前只住過紐約和華盛頓的我，第一次對美國的沃野千里感到強烈的震撼。

因爲我知道，我只不過行經了美國廣大國土中微不足道的一小片土地，同樣一望無際、適宜耕種的平原在美國究竟還有多少？實在難以想像。

美國是全球最大的玉米生產國。據說，美國一年生產的玉米，足以讓三億美國人吃上三年。雖然實際上這數字難以驗證，但美國人確實消耗不完一年的玉米產量。每年生產的玉米中，有三成被拿來餵養牲畜（所以美國牛肉有他國牛肉沒有的特殊玉米香味），三成用來生產燃料乙醇（美國汽車用汽油裡多少混有燃料乙醇），一成拿來製酒，一成拿來製糖與穀片等，甚至從電池到紙尿布都多少含有玉米成分。

這還只是玉米而已。美國還是全球第一的大豆生產國，主要肉類的生產也位居世界前茅，所以美國的糧食自給率是絕對超過百分之百。

驚人的是，美國中西部有如此廣袤無際的農田，但眞正從事農業的，卻不到中西部總人口數的百分之二。這當然要歸功於大規模自動化的生產。但反過來說，正是因爲農民的人口占比遠遠比不上工人，所以儘管他們多數希望與中國友好，以將過剩的糧食外銷到有龐大需求的中國，但在選戰中，候選人爲了選票，自然會傾向和工人站在一起，大打反中牌。

打反中牌歸打反中牌，很不幸地，在貿易全球化與自動化，加上人工智慧興起的多重打擊下，很多產業根本就不可能再回流到中西部。當地民衆可能心裡清楚，或寧願選擇不相信，但無論如何，他們都想聽好聽話，聽政治人物告訴他們，上台後會打擊中國，把工作帶回到中西部來。

難道美國總統或候選人，不知道中西部的問題已經積重難返了嗎？清楚得很，他們只是不敢說。

就連歐巴馬本人，在二〇〇八年首度投入總統選戰時，也曾經說過：「你到一些賓州的還有在中西部的小鎭看看，那裡的工作已經流失二十五年了，沒有新的工作出現……這群人變得忿忿不平也不足爲奇。於是他們依戀槍枝或是基督教，或者對與他們膚色不同的人感到反感，或透過反移民和反貿易的情緒，來表達他們的挫折。」

從二〇一六年的大選結果，再回過頭來看歐巴馬二〇〇八年這席話，可以說那不只是肺腑之言，還精準預測了選情。二〇一六年大選，部分美國中西部反移民、反自由貿易的種族歧視者，將同樣有反移民與反自由貿易傾向的川普，給力拱上總統寶座的。只不過在歐巴馬下台前，那裡的工作流失已經超過三十年，他們的積怨比二〇〇八年時又要深得多。

中西部十二個州，儘管歐巴馬跑得再勤奮，二〇一二年時他也不過拿下了一半。四年後，希拉蕊只拿到了兩個，其他十個都落入了川普的手中。

贏五百萬張選票連任算是險勝？

二〇一二年十一月六日，總統大選日，我重返歐巴馬的大本營——芝加哥。直到選前最後一刻，歐巴馬與對手羅姆尼（Mitt Romney）的民調仍難分軒輊。選後一直到計票進入第四個小時，歐巴馬的選舉人票都還是呈現落後的局面。我在歐巴馬位於芝加哥的選舉之夜會場，看著支持者從進場時的歡欣雀躍，到後來幾乎是鴉雀無聲。衆人只默默看著大螢幕上的計票結果。

直到第五個小時，中西部的俄亥俄、愛荷華、威斯康辛等州陸續開票，選舉人票紛紛落入歐巴馬的手中後，他的連任大勢終於才底定。我也在直播連線的第一時間，在一片震耳欲聾的歡呼聲中，大聲將最新消息告訴觀眾：「歐巴馬連任了！」

從美國特殊的選舉人團制度來看，歐巴馬的得票數遙遙領先——在五百三十八張選舉人票中，歐巴馬就奪下超過六成的三百三十二張票（關於選舉人團制度下一章會詳述）；但，若如果從一人一票的普選票數來看，歐巴馬只拿了約百分之五十一的六千六百萬張票，只比羅姆尼的六千一百萬張多了五百萬張，只能說是小幅勝出。

五百萬張選票絕不算多。二〇一六年的大選，希拉蕊雖然輸了選戰，但她可是贏了川普三百萬張選票。從這可以看出，歐巴馬的連任之路贏得有多麼驚險。

選民結構的改變

「無論我贏得你的選票與否，我都已聽到你們的聲音，我都已向你們學習。你們使我成爲更好的總統，帶著你們的故事與奮鬥，我回到白宮將帶著更加堅定的信心，以及比以往更多的鼓舞。」

我還記得歐巴馬在成功連任後在台上說的這段話，因爲他清楚知道，他連任的得票率比二〇〇八年時來得少，所以他首先要做的就是呼籲團結。

我當時站在記者席的高台上，一邊聽著歐巴馬的演講，一邊看著現場認眞聆聽歐巴馬的支持者們。台下以白人居多，但黑人及少數族裔也占了三成。實際上，這些少數族裔對歐巴馬的連任功不可沒。

從二〇一二年的投票數字便能看出，說少數族裔改變了這次美國的大選結果，一點也不錯。根據出口民調顯示，歐巴馬二〇一二年共獲得百分之六十九的拉丁裔選票，比二〇〇八年多出百分之四；包括華裔在內的亞裔，投給歐巴馬的，更是急速增加，從二〇〇八年的百分之六十二一口氣增加了十一個百分點到百分之七十三。如果少了少數族裔多投的這幾百萬張選票，歐巴馬可以說連任無望。

原因很簡單：因爲美國白人投給歐巴馬的，比二〇〇八年時少了百分之四。

這個比例看來似乎還好，但在美國大選裡，百分之一的白人選票，代表的可就是一百萬張以上的票數，不可謂不多。

美國白人分兩種？最大少數族裔和最大少數種族不同？

美國以白人爲多，毋庸置疑，但所謂的美國白人可以粗分爲兩類。

第一類，是我們印象中的「美國白人」。他們一般都是祖輩來自歐洲的移民後代，人數最多的是德國後裔，然後才是愛爾蘭與英格蘭等歐洲國家的移民後裔。根據二〇一〇年的人口普查，這類白人占了美國總人口的百分之六十一點三。其中，白種盎格魯—撒克遜新教徒（WASP），也就是帶有英國血統的白人，等級最高；後來移民來的愛爾蘭、義大利甚至是帶有希臘血統的白人，等級較低。

另一類，是本人或祖輩來自拉丁美洲的拉丁裔。雖然他們已經或多或少與印第安人或非洲黑人混了血，但是其中有不少人的祖先來自西班牙。這些白拉丁裔（White Hispanics）占了美國總人口近百分之九。

由於這一類白人的語言和文化與歐洲白人後裔不同，所以常常會和其他主要是印第安血統的拉丁裔劃分在一塊，拉丁裔總計占美國總人口的百分之十七點八，也因此成爲美國第一大「少數族裔」。衆所皆知，他們飽受美國社會歧視，像是川普就對部分拉丁裔持有成見，說他們是「毒販」和「強姦犯」。

然而，如果以種族來說，美國第一大「少數種族」，則是祖先來自於非洲的非洲裔黑人。他們的祖先中有許多人並非自願前來美國，而是被擄來當奴隸的。他們占了美國總人口的百分之十二點七。

人數在拉丁裔和黑人之後的少數族裔，則是亞裔人口。二〇一〇年時，亞裔占美國總人口的百分之四點八。其中，以華裔爲最多，占美國總人口超過百分之一，再來才是印度裔與菲律賓裔。而且亞裔人口成長快速，近年來預估已超過美國總人口的百分之六。

美國兩黨政治的特別之處是，占美國人口多數的歐洲裔白人較支持共和黨，而占少數的黑人、拉丁裔與亞裔等少數族裔，加上一部分白人則較爲支持民主黨，所以雙方的選民可以說是勢均力敵，選戰總是充滿懸念。

少數族裔中最死忠支持民主黨的，非黑人莫屬，每次投票他們幾乎都是投給民主黨。

這是因爲，上世紀六〇年代民權運動興起，眞正結束種族隔離、賦予黑人更多民權的，就是民主黨。此後，民主黨的政策一向較爲保護少數族裔的權利，他們也以投票來回饋民主黨。

對美國黑人來說，他們歷史的最高峰，莫過於選出有著黑人血統的歐巴馬來當總統了。

半個世紀前，金恩博士引領美國黑人走出種族隔離的命運；半個世紀後，歐巴馬被選上成爲第一個有黑人血統的美國總統。

歐巴馬當選時，人們比喻，這就像《聖經》裡，摩西引領族人渡過紅海，走出被欺負與歧視的命運。正如金恩博士爲美國黑人所做的貢獻，歐巴馬應該被視爲引領族人走出曠野與迷惑的約書亞，最終將帶領他的族人到應許之地——一個黑人在眞正意義上與白人完全平等的世界。

人們當時高度期待歐巴馬的當選能改善美國的種族關係。只是沒想到，期望越高，失望就越大。

種族衝突惡化：弗格森事件

在歐巴馬連任後一年半，爆發了他任內最重大的種族衝突——弗格森（Ferguson）事件。

二〇一五年夏天和冬天，我各去了一次弗格森。我穿著防彈衣，穿梭在數量龐大的示威者以及重裝戒備的軍警間，在混亂中的間隙採訪。雖說整起事件的起因是警察的暴力執法，但種族問題卻是更深層的原因。

種族歧視的延伸：暴力執法

美國警察的暴力執法，一直爲人詬病。先不說警察打人的問題，光是他們殺人的數量就令人髮指，遠在任何已開發國家之上。英國《經濟學人》雜誌甚至以此爲封面指出，光二〇一四年，僅是被公開的數據，美國至少有四百五十八人死在警察槍下，這還不包括沒被公開的；同年，英國警察沒殺死任何一個人。

換算起來，在美國，每天有超過一人被警察用槍活活打死，而被殺的人連自我辯護、接受審判的機會都沒有。

這就是弗格森事件的起因：一個手無寸鐵的十八歲黑人少年布朗（Michael Brown），被二十八歲的白人警察威爾遜（Darren Wilson）連開六槍擊斃。

而且這白人警察開槍顯然不是爲了嚇阻，而是爲了讓黑人少年斃命。其中有兩槍直接對準了頭部，打到腦漿噴發才停手。之後，這位白人警察又是對大陪審團辯護，又是上電視澄清，表示他也很無奈得要開槍殺人。但是，黑人少年到底有沒有襲警，死掉的他再也無法自我辯護。

在只有活人能講話，又沒有足夠的證據下，最終，大陪審團選擇相信警方，不予起訴，就此結案。全美輿論譁然，上百個城市抗議事件頻傳，弗格森甚至爆發了軍警和民衆的血腥衝突。

不可否認，美國國情相當特殊，《憲法》賦予人民擁槍的權利，因此警察在執法上，確實比其他國家警察來得危險許多，只要看不到對方的手，就會懷疑對方準備掏槍（所以永遠要讓美國警察看見自己的手）。

二〇一四年，美國警察也有高達五十人成爲槍下冤魂，其中三分之一還是遭到埋伏襲擊而死。因此爲了保命，他們往往會先下手爲強，這完全情有可原。只是有沒有必要致人於死，就値得商榷了。

歷年來，美國警察只要是執勤時殺人，陪審團基本上多傾向相信警察，畢竟執法確實危險，而且由於證據往往不足，被起訴的警察可謂是九牛一毛。一項研究指出，二〇〇六年起，五年內，美國警察殺了好幾千人，但被起訴的只有四十一人，最終被判決有罪的，更是少之又少。

因此，在先下手為強合情合理、司法制度又傾向保護執法者的狀況下，就形成一部分美國警察有恃無恐、暴力執法的問題。

而這，實際上與種族問題息息相關，甚至被視為是種族歧視的延伸。

初加入東方衛視：首站弗格森

在弗格森事件的高峰期，剛加入東方衛視的我接到前往當地的任務。出發前，我聽說，有記者被警察毆打；也聽說，黑人示威者有人亂槍打傷了其他的示威者。電視上，呈現的是全副武裝朝民眾發射催淚彈的鎮暴警察，還有如暴徒般四處打劫的示威者。

由於班機延誤，當我抵達離弗格森最近的聖路易機場時，已近半夜三點。一出機場首先看到的，是紅十字會的人推著幾個箱子。我趨近一看，發現箱子上寫著：「人血，避免極端溫度。」

在美國中西部特有的夏日悶熱氣候與蚊蠅的不時騷擾下，黑夜中，我們驅車前往只有兩萬人口，其中三分之二居民是黑人的弗格森小鎮。

開到弗格森外圍時，路上只有昏黃的路燈，和彷彿被時間凍在二十世紀初的中西部維多利亞風格老建築。它們多數年久失修，屋瓦殘破，每間房子都少了幾塊玻璃，而且多數在一樓都裝上了鐵窗、鐵柵。美國房子一般不會有這些，如果看到美國的房子有鐵窗的話，就只代表著一件事：這一帶治安不佳。

雖是半夜三點多，但路上仍能見到零零散散的居民遊走著，多數是三五成群的黑人男子，而一名女子一走出房門，看到我們的車燈，就匆匆走回房子，在鐵窗後看著我們。

一個美國，兩個世界

不過短短二十五年前，這小鎮的面貌是很不同的。

當時，居民有七成五是白人，是中產階級占多數的聖路易市的衛星城鎮。聖路易市是中西部大城，有百年歷史的百威啤酒總部就在這。但就像美國許多大城一樣，隨著黑人的持續湧入，白人越往更偏僻的郊區搬去。於是，此時的弗格森有百分之六十七是黑人，有超過五分之一的居民生活在貧窮線以下。

在美國，黑人和白人的收入差距，十分驚人。

《紐約時報》引用二〇一〇年的普查數據指出，美國黑人的家庭淨資產是六千三百一十四美元，但白人家庭則是十一萬零五百美元。美國兩大種族的家庭資產差距竟然達到十八倍之多。一個國家裡的兩個種族，生活彷若天堂和地獄。「現在美國種族的資產差距，比南非在種族隔離時期還要嚴重。」報導稱。

因爲貧困，導致部分黑人的致富手段不是透過教育，而是犯罪。

而因爲犯罪，造成美國每三個黑人，就有一人在人生的某個階段會被關進監獄的命運，被關的絕大多數是黑人男性。這樣的現實，讓傳統婚姻也行不通。二〇一一年，居然有高達百分之七十二黑人嬰兒的母親未婚生子，就算孩子好運有個父親，他也可能在牢房裡。

因此超過一半的美國黑人孩子，一輩子不知道父親是誰，也不知道父親意味著什麼。

「種族歧視」沒有消失，只是變形了

因貧困而導致犯罪，因犯罪又導致坐牢，因坐牢導致孩子在單親家庭中長大，在母親收入低下的狀況下，孩子長大又貧困，於是又犯罪，犯罪又坐牢……猶如惡性循環的地獄般，就是部分美國黑人擺脫不了的命運，於是遭到種族歧視的情況，如影隨形。

憑良心說，現在的美國已經不是金恩博士之前、過去美國的那種「種族歧視」，那時南方黑人只能去黑人餐廳、上黑人學校，那才眞是黑白二分的世界。今天美國種族融合的成就，已讓不少國家難以望其項背。

但，種族歧視卻仍是陰魂不散。今天，美國所謂的「種族歧視」，更多是社會階級造成的。階級，能夠輕易從一些特徵分辨出來，因爲階級低的人較爲貧窮，導致教育程度低、犯罪率高，因此受到階級較高的人對他們的歧視與打壓。

在美國，這樣的歧視通常與膚色聯繫在了一起，於是成了變相的「種族歧視」。

有人說，這是白人刻意打造的藩籬，雖然美國已經平權了，但白人嘴裡不說，還是打心底歧視黑人；也有人說，這是黑人本身不夠努力，只想享受社會福利，當社會的寄生蟲，活該他們被歧視。

無論怎麼說，現實就是現實，這使得美國警察執法的對象往往以黑人爲主，也因爲黑人犯罪率高的刻板印象，導致警察對他們採取更多的暴力執法。這成了美國社會始終擺脫不了的惡性循環。

衝突升級，連軍隊都進駐

駛離衝突地點越近，燈光越亮。倒不是昏黃的路燈亮了起來，而是警車發出的紅藍兩色燈光照亮了黑暗，數十輛警車在各處閃爍著。到了媒體的連線區域，一盞盞燈光炙亮如白晝，打亮記者在黑暗中的臉龐。

抵達衝突點，當地已是凌晨四點多，我也立刻在裝甲車前做了連線。

當天正好是密蘇里州國民警衛隊進駐，也就是媒體熱炒的「軍隊」來到弗格森的日子。這也才發現，記者所在的媒體區是由國民警衛隊鎮守的。幾輛裝甲車團團圍住了媒體區，身著土黃色軍裝的士兵來回巡邏，肅殺氣氛濃厚。

由軍隊圍住記者，一來，似乎是想避免暴力分子混入媒體區；二來，也是想避免媒體進入衝突區。這心態大概就是：媒體進去安全難料，局勢一亂，暴力分子甚至是警察都有可能會誤傷記者。而更可能的心態是：有更多的鏡頭拍攝，可能會使示威者士氣大振，接著就會造成警方強力回擊，媒體就會報導更多警民衝突的景象。示威者可能希望有這樣的畫面，但政府絕不樂見。

連完線，凌晨五點多，媒體區仍如鬧市，光電視媒體就有近百人在忙碌著，二十四小時毫不間斷，弗格森的影像與消息，傳遍全球。遭擊斃的黑人少年布朗，在他那短短一輩子，大概從沒想過有一天他的名字會被翻譯成各種語言，在全球每個角落傳送。當然，他所處的小鎮弗格森，在半年前，還沒幾個美國人聽過，一時間，不只傳遍全美國，還傳遍了世界各地，甚至成爲一種「象徵」。

「如果不把門鎖起來，誰知道晚上會發生什麼事」

發完新聞，到附近旅館休息了三、四個小時，我就又出門採訪了。因爲新聞是不等人的，新聞熱點有時短則幾小時，長則一、兩天，如果不在那個時間點抓緊採訪，現場的人事物就沒了。

我總相信電視螢幕是有溫度的，如果能將現場最熱的一手消息以最快的速度傳回去，觀衆是能感受到的。

每到一地，我都會盡量去找當地華人採訪。因爲在大事件中，我們更關心的，是我們的同胞。

只是沒想到，當地中餐館出乎意料地多，整個弗格森約莫就有十家，我並沒有費太大勁就找到了華人。其實這類美式中餐館的數量在美國有五萬家之多，比全美的麥當勞和肯德基加起來還要多，不僅價格不貴還服務快捷，加上華人勤奮，願意深入少數族裔聚集的區域開店耕耘，因此，美式中餐館也深受黑人喜愛。

不過，當地中餐館特別的是，不太用某某Chinese Restaurant（中餐館）來命名，而是用某某Chop Suey來指稱。Chop Suey在中文意思就是「雜碎」，大概中國菜多是切碎後快炒，廣東台山話就稱「炒雜碎」，一百多年下來，這詞彙也被美國人廣爲接受，於是成了中餐的代稱。

就在黑人少年遭槍殺的地點附近，就有兩家「雜碎」，其中一家的玻璃還眞是徹底被「砸碎」了，四面八方全釘上了木板，大門深鎖。另一家名爲「湖南」的雜碎，僅部分門窗被砸碎，遭人闖入，根據該店老闆娘的說法，店裡沒留錢，生的食材也都還在，大概是暴民不知道怎麼料理，所以只有飲料被搶。她苦笑道：「大概是暴民口渴了吧。」爲了安全起見，老闆娘把所有還在的玻璃門窗用木板釘了起來。於是走進餐館裡，不見天日、密不通風，餐廳雖是一樓平房，但感覺卻像在地窖。

沒多久，夕陽已西斜，老闆娘拿出鐵鍊，往門把上牢牢地繞了幾圈，「在晚上，我們必須把正門鎖起來，因爲如果我不這麼做，誰知道接下來會發生什麼事。」

當日夜開始交錯，弗格森小鎭面貌也開始改變，彷彿山雨欲來。

老闆娘快步走進後面，關起鐵門。而餐廳附近也開始出現了示威者，他們拿著不同訴求的牌子邊走邊喊：「我手已舉起，別開槍打我。」（Hands up, don't shoot.）這群走在夕陽下的示威者，看起來威脅性不大，有老有少，還有坐著輪椅的銀髮老太太。

「黑人被警察射殺的事，一天到晚都在發生」

示威者基本上就是繞著一公里長的道路，來回走來回喊，沒人走出這個範圍——因爲軍警想避免示威者走出、也想避免外界的人走進這個範圍。

儘管示威者看似沒有威脅，緊繃神經的警察還是開始封街——一個街道一個街道地封，導致從最外圍的關卡走到示威區，至少一公里的距離，就有三到四層關卡。除非有證件證明自己是住在封鎖區內的居民，警察才會放行，除此之外，沒人能夠進去。

換句話說，媒體除非在傍晚來臨前幾個小時，就守在示威區內唯一的媒體指定區裡等候，之後要進來就不太有可能了。示威區內的媒體區只是個能停二十輛車大小左右的場地，很擠，也只容得下兩輛SNG車，敢進示威區的媒體，出去就別想再重新進來了。

示威區內，餐廳與商店害怕被砸，早早就拉下鐵門，我們也早已備好乾糧和瓶裝水守著。而媒體區裡流動廁所就只有一個，由於人多，裡面很快就滿到溢出來，有一些人不想去或等不及，就往車後面或草叢裡去。所以媒體區裡，除了滿滿的汽車廢氣味以外，還瀰漫著一股濃厚、刺鼻的異味。

示威者繼續無止境地邊喊邊繞著圈，成排的警察與警車在中間，瞪大眼睛掃視著他們，一邊拿著警棍指揮，要他們不能越界。仔細一看，在幾個屋頂角落，有持長槍的警察，俯視著示威者。在一些暗處，則有數十名全副武裝的警察，守在裝甲車旁伺機而發；逼近一層樓高的裝甲車，充滿威懾效果。而過條街，就是國民警衛隊的大本營，全在候命。

連續邊走邊喊了幾小時，示威者露出了疲態，到後來，只有走到了媒體區附近他們才勉強提起精神，在鏡頭前有些嘶啞地喊著，其他時間就是默默繞著同樣的路走。

就在時間快進入子夜時，示威者的聲音突然大了起來。定睛一看，他們不再是傍晚時那批無害的示威者，陣容中出現了更多年輕黑人，他們不知道在什麼時候，慢慢加入示威隊伍，補充離去的人群，形成了另外一批面貌完全不同的隊伍。

在好奇心促使下，我不顧危險趨前訪問這群人。其中印象深刻的，是一個年輕人，他用血紅色的布蒙住他的臉、只露出黑白分明的雙眼，上半身赤裸著，下半身穿著口袋鼓鼓的垮褲。他說他是當地人，連續幾個晚上被警察攻擊：「麥克．布朗事件不是第一次了，一直都在發生，只是這是第一次被媒體公開。但這樣的事在這裡一天到晚都在發生。」他的伙伴也都被警察攻擊或丟過催淚瓦斯，導致他們每晚都來這裡示威、討公道。

看到不速之客湧入，一時氣氛劍拔弩張，馬路中間的警察開始增援，全副武裝的警察也從裝甲車上的蓋子探出頭來。

海外戰爭的後遺症：軍隊化的美國警察

警察擊斃手無寸鐵的黑人青年，還開著裝甲車，像是職業軍人般地全副武裝，對幾乎沒有防護的示威者丟擲催淚瓦斯、發射橡膠子彈，這樣猶如戰場的影像，是導致事件被大量傳播，一發不可收拾的原因。

許多人都在想：口口聲聲說重視人權的美國，原來是像占領軍一樣地對付自己的老百姓啊！

美國警察軍隊化，是美國從中東撤軍後的後遺症。在伊拉克和阿富汗戰場上馳騁的成千上萬台防地雷反伏擊裝甲車，被運回到美國本土後，實在沒地方去，於是國防部就免費派送給全美八千個地方執法單位。弗格森所屬的聖路易市就得到了幾台，也在這次派上了用場。

防地雷反伏擊裝甲車還只是一個小例子，五角大廈免費贈送的還有軍機、坦克、近萬把來福槍、榴彈發射器，軍裝、軍用防彈衣與防毒面具等更是不在話下。光在二〇一三年，國防部就往地方送了價值四億五千萬美元的軍備，有的農村警察局竟然有多輛兩棲坦克車。於是造就了美國警察軍隊化的局面，也無意間培養出了警察的尙武文化。

不過，這狀況也不是人人都歡迎，有些地方執法單位其實也是被迫接受這些軍事設備的。五角大廈的算盤是：借武器給地方執法單位，由他們負責維護，省錢省心。但因爲實在是殺雞焉用牛刀，過去幾年，有六千件武器與軍備被退回五角大廈，只是巨型軍備如裝甲車、坦克卻很難處理，既退不了也賣不了，讓地方哭笑不得，成爲一場鬧劇。

美國撤軍中東戰場，後續問題也慢慢湧現，沒想到連弗格森也淪爲其中一環。在海外戰場失利，回到國內又造成問題，進退失據，美國進入戰爭後遺症的世界。

重返弗格森：小鎮的傷痕，是一道道心靈的疤痕

在軍隊強勢介入，以及「恫嚇」加「疲憊」兩大戰術下，讓連續幾晚衝突、持續了十幾天的弗格森事件，就此被壓下。

不過，這不是結束，反倒是個開端。

美國各地，還有零零星星的示威在繼續著。三個月後，聖路易的大陪審團宣布決定不起訴白人警察威爾遜後，引爆了比八月時還要大規模的暴力衝突。就在當天晚上，弗格森街頭催淚瓦斯瀰漫，槍聲四起，警車被焚燒，十多間商家也被縱火燒毀，付之一炬。

沒多久後，我再次回到弗格森。

四個多月過去，回到小鎮，儘管聖誕節將至，卻感覺不到絲毫節日氣氛，路上行人極少。我們經過了地方政府，發現建築的玻璃全毀，並釘上了應急的木板，周遭商鋪也無一倖免。政府建築唯一剩下的玻璃門上貼了張布告：懸賞縱火犯，獎金一萬美元。

我們接著回到了弗格森的衝突地點，映入眼簾的是：縱火當晚燒毀的房子殘骸，觸目驚心地躺在地上。沿路被燒毀的二十多棟商家，周圍就只是用黃色封鎖線繞著，也許是沒有經費，絲毫看不出當地有要移除危樓的打算。於是這些燒毀的建築物，就像一道道傷痕，留在弗格森的土地上，任其流血化膿，最後，成爲一道去不掉的疤痕。

之後，我馬不停蹄地要去找「湖南雜碎」的老闆娘，想知道她的近況。但當一看到店門口的景象，我突然感到天旋地轉。

中餐館被燒了。

滿地都是焦黑的木板與生鏽的鐵釘，柏油路燒到破裂露出黃土，瓦斯桶與鐵管面目全非，招牌則在大火中融化了一半。問人，無人知其行蹤。老闆娘在八月遭打劫後對我說她還會繼續撐下去的話言猶在耳，但這個希望，隨著最後的一把火，化爲灰燼。

種族問題，持續迷途

我還記得弗格森在發生第二次衝突前夕，歐巴馬察覺事態嚴重，臨時決定在白宮新聞發布室舉行記者會，呼籲示威者冷靜。結果就在他講話的當下，暴民竟開始在弗格森街頭縱火。電視分成兩個螢幕，一邊是歐巴馬呼籲冷靜，一邊則是熊熊烈火在弗格森燃起，畫面格外諷刺。

金恩博士帶領美國走出種族隔離的「紅海」，可惜，歐巴馬並未能像約書亞一樣，帶領美國各族裔的人們，走向平等的「應許之地」。

努力保持「全民總統」形象的歐巴馬，為了避免被貼上「黑人總統」標籤，在任內總是刻意與黑人保持著微妙的距離。在美國，白人選民永遠多於黑人選民，而且比黑人選民富有得多，影響力也大得多。如果你得罪了大多數人，你將遭到多數族群對你在施政上的各方阻礙，這是政治的現實面。不沾鍋個性的歐巴馬，因為想兩面討好，使得八年任內，他在種族問題上沒有多大建樹。

二〇一六年，在歐巴馬下台前的一份《華盛頓郵報》聯合民調指出，百分之六十三的美國人認為，美國的種族關係在整體上來說是差的，這是歐巴馬上台以來最糟糕的結果；在他剛上任時，美國人覺得種族關係差的，只有百分之二十左右，可見在他任內八年內，美國種族關係迅速惡化。

歐巴馬也許沒有預見，沒妥善處理好美國種族關係的星星之火，最終，會蔓延並燒掉民主黨繼續掌控白宮的機會。

二〇一六年大選，與二〇一二年相較，黑人投給民主黨總統候選人的，大減了百分之五，拉丁裔和亞裔同樣不樂見民主黨繼續執政。不可否認，這和希拉蕊的個人魅力有關，但這和少數族裔認為已經給了民主黨的黑人總統足足八年時間，卻未見種族關係改善也有關。少數族裔在失去對民主黨的信任，加上不可能投給川普的狀況下，有一大批人選擇不出門投票。結果就是希拉蕊無法拉大與川普的選票差距，含恨落敗。

八年執政下來，最終證明，歐巴馬並不是約書亞，美國在種族問題裡持續迷途，應許之地恐怕還很遙遠。

歐巴馬任內最感挫折：無力管控的槍枝問題

歐巴馬八年任內最感挫折的事，還不是愈趨加劇的種族對立，而是槍枝管控問題。

就在歐巴馬離開白宮前一個月，他接受電視採訪時這麼說：「如果你問我，有哪一個領域最令我感到挫折和無力的，那就是美國作為世界上最先進的國家，卻沒有在槍枝安全問題上有足夠的共識。」

我親眼看過歐巴馬當衆爲此流過淚。

那一次，歐巴馬在台上提及了二〇一二年在康乃狄克州的校園槍擊案：一名二十歲的當地少年，帶著三把半自動武器闖進一所小學，開槍射殺了二十六人，其中有二十人是年僅一年級的小學生。

「才一年級，才一年級，他們的家庭沒人會想過，他們心愛的孩子會因爲子彈，從他們的生命中被奪走！」努力控制情緒的歐巴馬，卻控制不住淚水，「每次我想到這些孩子，我就要瘋了！」歐巴馬用手指拭去淚水，但擦不乾，淚水繼續在他黝黑的皮膚上流著，在燈光照射下閃爍著。

儘管難過，儘管流淚，歐巴馬始終無法在任內推動任何槍枝管控的立法，避免類似的悲劇再次發生。

「如果允許恐懼分裂我們，那我們就是向恐懼投降」

跑白宮新聞以來，每一年，我都會報導到至少一起震驚美國甚至全球的槍擊事件，光歐巴馬任內八年，他至少就有十四次就槍擊事件發表談話，這些事件包括：孩子去學校上學被槍擊、軍人在軍營被同袍射殺、國會議員在造勢時遭貫穿腦門、老百姓只是去看場電影卻被槍殺、信徒去教堂做禮拜時被槍決等。

在歐巴馬任內最後一年，甚至還爆發了當時美國史上最重大的槍擊事件——奧蘭多槍擊案，四十九人在夜店裡被一個人屠殺。

在奧蘭多的悼念活動現場，緩緩敲響了四十九次鐘聲，以紀念那四十九條逝去的生命。成千上萬的人們在星空下祈禱著，願這樣的重大槍擊悲劇不再發生。

在奧蘭多採訪悼念活動時，我遇見了一個穆斯林，她告訴我：「我們要站在一起，如果我們允許恐懼分裂我們，那我們就是向恐懼投降。」

我也遇見了一個基督徒，他告訴我：「許多年來，我所屬的基督教社群對同性戀充滿恨意、造成傷害，我來這是想表達歉意。」

那一晚，不分種族和信仰，不分你我，只有最單純的人性。

然而悲劇，卻再次發生。

「五十九根白蠟燭，象徵五十九條逝去的生命，拉斯維加斯居民聚在一起共同悼念，也希望相同悲劇不再發生。」奧蘭多槍擊事件的一年後，我來到拉斯維加斯，站在悼念者面前，壓抑住情緒做出現場報導。

拉斯維加斯大規模槍擊悲劇，遠超一年前的奧蘭多槍擊事件，共有五十八名無辜者罹難（一開始公布爲五十九人，後下修爲五十八人），八百五十一人受傷。

當我二十四小時內趕赴現場時，鼻子裡聞到的，全是濃濃的血腥味。數以百計槍擊傷亡者的血，並沒有被沙漠的炙陽給蒸發，而是滲入土裡和柏油路面，揮散不掉，經過白天烈日曝曬，血跡乾涸，氣味刺鼻。

在近千人死傷的血腥現場，我連線上海的新聞總部，向觀衆述說我在現場所感受到的一切。然後，主持人追問了一句：「美國會不會因此管控槍枝呢？」

「美國國會恐怕是不會因此管控槍枝的。」我說。很不幸地，這是句大實話。

在美國，上學、看電影、做新聞，都可能被大規模槍殺

在美國跑新聞這十年來，我報導過許多大規模槍擊事件的新聞。美國的老百姓們，無論上小學、中學還是大學，都可能遇到大規模槍擊事件。這還不只，連逛街、看電影、上教堂、上酒吧，甚至連聽露天音樂會，都可能被大規模槍殺。我還報導過，曾有記者在播報新聞時，從背後被直接槍擊，連攝影師都被一併槍殺。還有五名

新聞從業人員，好端端坐在辦公室工作，卻被殘忍的兇手持槍掃射致死。

這些槍擊新聞都已經夠駭人聽聞了，但卻只是冰山一角，美國槍擊事件的嚴重程度，遠遠超乎想像。

光是二〇一七年，美國就發生了超過六萬起槍枝暴力事件，造成一萬五千五百六十二人死亡，也就是在美國平均一天有四十二個人被槍擊身亡，這還不包括每年平均有超過兩萬個美國人舉槍自盡。換句話說，他殺加自殺，美國每年有超過三萬人死於槍下，是九一一恐怖攻擊死亡人數的十倍。

這還只是槍擊案，如果要說大規模槍擊事件，像是奧蘭多事件那樣至少有四人以上遭槍傷或槍殺的槍擊案，在美國幾乎是每天超過一起。例如歐巴馬最後一年任期，美國就發生了三百八十三起大規模槍擊事件。

會讓美國成爲全球最多的大規模槍擊事件，以及最多人舉槍自盡的已開發國家的原因，與美國國內有三億多把槍，平均人手一把脫不了關係。有報導指稱，美國人口數僅占全球百分之五，卻擁有逼近全球半數的民用槍枝，槍枝氾濫程度可見一斑。

儘管如此，歐巴馬整整八年任期，國會卻沒有通過任何槍枝管控的法案。

不是歐巴馬不願意，而是他無能爲力。因爲權力在國會，而由共和黨主導的國會並不願意管控槍枝。

槍，自由的象徵與保證

美國人擁槍的權利是《憲法》賦予的，《憲法第二修正案》說：「人民持有和攜帶武器的權利不得予以侵犯。」因為美國建國初期，就是透過人民以槍枝暴力的方式推翻英國殖民統治的，因此擁槍也被視為是人民對抗暴政神聖不可侵犯的權利。除《憲法》規定外，還有現實因素。美國地廣人稀，政府不可能提供人民即時的保護，壞人無論如何都能弄到槍的，如果住在偏鄉的人民手無寸鐵又等不到警察，那就只能坐以待斃了。

有幾次，我接待第一次來美國觀光的朋友，他們都會感到好奇：為什麼美國的房屋和建築，無論是處在多麼偏遠的地方、就算是方圓百里都沒其他房子，也幾乎看不到有安裝鐵窗、鐵門呢？一個原因就是槍。因為歹徒會認為家家戶戶可能都有槍，百姓擁槍因此產生了集體的威懾作用。

槍，也因此被不少美國人民視為是自由的象徵與保證，特別是追求「自由」的共和黨。

「控槍」不等於「禁槍」

這裡必須解釋清楚一個人們常常會混淆的概念——「禁槍」和「控槍」是不一樣的。「禁槍」在美國幾乎是不可能的事，已經有三億把槍，要怎麼禁？所以禁槍在美國從來都不是議題。「槍枝管控」才是討論的主題，也就是要如何管制氾濫的槍枝，避免造成無辜的死傷。

但，該怎麼進行，不只各方爭論不休，連最基本的「該不該管控槍枝」都公說公有理、婆說婆有理。

加上支持擁槍的一些組織，像是有四百萬會員的全美步槍協會（ＮＲＡ），財大勢大，持續投入大筆資金影響國會與白宮。只要不聽話，他們隨時可以切斷政治人物的資金，更極端一點，也可以用錢影響選民，改選自己的人馬。

這對於兩年全面改選一次的眾議院特別有用，因爲眾議員人數眾多，小地方往往拿到十萬票就能進入國會殿堂，所以要換掉一個不聽話的眾議員難度並不高。只要先切斷銀根，再動員選民不投給他，就能中斷一個眾議員的政治生涯。因此政治人物寧可得罪百姓，也不太敢得罪金主。

即使富有如川普，也會擔心擁槍團體的背離。

在二〇一六年大選期間，全美步槍協會就捐了三千萬美元給川普，這讓川普至今都還自稱是該協會的「大粉絲」。而凡是遇上震驚社會的大規模槍擊事件，川普也都必定會與全美步槍協會商討該如何應對。

連我在家都聽過槍響：國會議員現場中彈

生活在美國這些年，我有沒有聽過槍響？有的，而且就在我自己的宿舍。二〇一七年六月，一天早上，還在睡夢中的我，聽到巨大聲響。由於那時下榻處附近常有施工，我也不以爲意。但後來，我發覺聲響並不規律，而是突然「碰、碰、碰」的連續聲響，之後戛然停止；沒多久，又是連續「碰、碰、碰」的巨大聲響。我覺得不對勁，睜開眼時，我聽到了警笛聲。我一驚：大事不妙！果然，是件重大槍擊案。

當時我住在一個棒球場附近，事發經過是這樣的：當天一早，十幾個國會議員爲了準備即將到來的美國國會年度慈善球賽，到球場練球。沒料到，一名六十六歲的民主黨政治狂熱分子突然接近，拿起半自動步槍和手槍，朝著共和黨議員們開槍，十分鐘內射了約一百發子彈，導致五人中彈，其中包括眾議院共和黨黨鞭史卡利斯（Stephen Scalise）。

由於黨鞭是政黨在國會地位中排名前三的，所以他是現場唯一有國會警察保護的人。也所幸有國會警察在，反擊了槍手，否則後果更是不堪設想。如同現場一名議員所說：「要不是國會警察在的話，這會是一場屠殺。」

聽到警笛聲後，我記者的熱血就湧了上來，隨便套上了件襯衫，頭髮也來不及整理，拿著手機就往現場衝。我跟著手持衝鋒槍、重裝戒備的特種部隊往前走，當時大批警車和救護車不斷駛入，直升機不斷盤旋，我邊走邊用手機錄影，把實況畫面傳回新聞總部。

看到有記者開始湧入，警察很快拉起封鎖線，阻隔住記者。由於我是第一批進入的記者，只有被阻隔在球場外約五、六十公尺處，所以看到了那滿目瘡痍的一幕：停在球場外的汽車，被子彈貫穿，玻璃全碎，一街之隔的咖啡店玻璃窗戶被射穿了幾個洞，磚牆則有彈痕。警察大概是擔憂槍手不只一人，而記者和路人身上毫無防護措施，因此不斷試圖拉大封鎖線，迫使記者離去。

我事後得知，槍手中彈不治，成為這起槍擊案的唯一死者。史卡利斯在鬼門關前走了一回，他的骨盆和內臟器官被子彈貫穿，導致嚴重的內出血，在足足住院與休養了一百天後，重新返回國會。制伏槍手的國會警察也中了彈，所幸，她送醫後沒多久也痊癒了。

後來媒體報導，這位女警是名黑人女同性戀者。諷刺的是，她拿著自己生命保護的史卡利斯，一直被評爲美國國會最反對同性戀的議員，他同時也是名種族歧視者，曾經把自己比擬爲曾以凌遲黑人致死爲樂的「三K黨」的領袖。

更諷刺的是，史卡利斯復原回到國會後，就爆發了拉斯維加斯槍擊事件。之前差點死在槍下的他立即評論說，他強烈支持擁槍權，認爲不應該對槍枝管控有任何的立法限制，他還認爲法律不可能減少美國的大規模槍擊事件。沒多久，爲了因應美國校園層出不窮的槍擊案，他還提議了一項法案，意在撥款給校園，訓練教師和警衛持槍，防止校園槍擊案。

史卡利斯的想法，就是美國一些擁槍者的思維：歹徒有槍，老師也要帶槍上課堂。民衆爲了保護自己，當然也要人手一把槍，「以暴制暴」。

內政難題難解，外交上遲疑不決也引發後患

管控槍枝沒有進展，種族議題也沒有太多建樹，這些都為歐巴馬的八年任期蒙上陰霾。

無論如何，歐巴馬在內政、外交上，其實有不少建樹。像是他實現了幾代民主黨政府都無法達成的全民健保、讓結凍超過半世紀的美國與古巴關係得以融冰、化解了與伊朗的三十年恩怨並簽訂《聯合全面行動計畫》（JCPOA），並且與中國共同推動《巴黎氣候協定》的簽署等。

雖說川普上台後，這些政策都受到影響或推翻，但歐巴馬確實還是為美國留下了些什麼，特別是他把美國從大蕭條以來最糟糕的經濟危機拯救了回來，原本高達百分之十一的失業率，到他下台時已經減少到百分之四點七，基本上已接近充分就業，也為川普上台第一年的經濟榮景打好了底。

再來，美國人民相當關心的恐怖攻擊問題，也確實有所改善。

歐巴馬任內除了擊斃賓拉登，更確保了美國沒有發生像九一一般的大規模恐怖攻擊事件。儘管還是有奧蘭多槍擊案、波士頓爆炸案這樣零星的恐怖攻擊，但幾乎都是

獨狼犯案，而非境外極端組織所發動。美國人民也就認爲，祥和的生活彷彿是理所當然的。

但是，在海外，卻因爲歐巴馬堅持「從背後領導」（leading from behind）外交政策，讓時常扮演「世界警察」的美國，在國際上顯得弱勢。

在某種程度上，美國在國際局勢的退縮也導致極端組織「伊斯蘭國」（ISIS）在伊拉克和敘利亞境內不斷壯大，使得恐怖主義再次波及歐洲，讓歐洲反移民的民粹主義興起，更導致美國人民也人心惶惶，共和黨的鷹派因此獲得話語權，在大選期間不斷攻擊歐巴馬讓美國淪爲「縮頭烏龜」的作爲。川普誓言要把伊斯蘭國的極端分子炸到「挫賽」（bomb the shit out of ISIS）這樣毫不修飾的說法，更讓他獲得美國強硬派的滿堂喝采。

某種程度上，歐巴馬在海外反恐失敗的形象，讓川普「使美國再次偉大」的口號也因此深植部分民心。

萬一川普上台是我們的錯呢？

要評價歐巴馬的八年功過，我很難有個確切的答案，近距離採訪了他六年，在這歷程中，我看了歐巴馬太多的不同面向。

而看來，歐巴馬自己也沒有答案。

在採訪歐巴馬這段時間，我兩度獨家專訪了唯一一個、從歐巴馬上台前到下台超過十年時間，一直跟在歐巴馬身邊，形塑歐巴馬外交政策的前國家安全事務副助理羅茲（Ben Rhodes）。

在隨著歐巴馬離開白宮後，羅茲出了本書談他為歐巴馬工作的內幕，包括對川普當選的反應。

書裡說，歐巴馬甚至對自己產生懷疑，因為歐巴馬是以推動「全球主義」上台的，選舉結果卻顯示不少美國人民似乎並不買帳，最終選擇了「部落主義」——也就是寧可活在視野和自己一樣的人的狹小世界觀裡，不考慮全局。歐巴馬自己都懷疑地說，這八年他在推動全球主義上是不是「衝過頭」了？也許人們只是想要「回到自己的部落裡」，「有時我在想我自己是不是早了十年到二十年出現」。

對於川普的上台，歐巴馬自問：「萬一是我們的錯呢？」

我還記得，在歐巴馬任期只剩下四十八小時不到時，他在擠得水洩不通的白宮記者新聞發布室，舉行了他最後一場總統記者會。我看著歐巴馬斑駁的白髮，以及憔悴的神色，回想著我三十歲後近距離採訪他，最精華的六年時光。

可是，這最後一場記者會，焦點不在他，川普幾乎無可避免地成爲歐巴馬記者會上最主要的話題。歐巴馬說，他日前才和川普進行了長時間的通話，他沒透露什麼內容，只說：「我能夠告訴你們，我們的對話內容，是我告訴他，總統這工作是艱鉅的，你不可能一個人完成，你需要十分依賴你的團隊。」

歐巴馬沒談他八年來的成就，因爲根本沒有記者發問。媒體只關心他八年來的未竟之志：美俄關係、中東和平、移民改革、同性平權、種族問題等。最後，則是他怎麼看二〇一六年的總統大選。

歐巴馬說：「我想世界雖然有邪惡的部分，但最終，只要我們努力工作，對一切眞誠，世界總是會慢慢好轉的，這也是我在總統任期努力的方向。」

然後，他也提到自己「不沾鍋」的個性。他說，他不是沒有挫折，還笑說他關起門來也是會發牢騷的：「確實，當我關上門，我比公開時還會詛咒人。有時候我也會像其他人一樣憤怒與沮喪。但在我內心，我想最後都會好轉的。我們只是必須努力，朝著目標努力，不要認爲好事會自動成眞。」

「謝謝記者團的大家，祝你們好運！」

說完他總統任內對記者所說的最後一句話，歐巴馬揮了揮手，敲了兩下木製講台。

用手敲木頭（knock on wood），這是美國人的迷信，通常是希望好事成眞，避免厄運。

我想，他可能像在場的所有記者一樣，不知道川普治下的美國會往何處去。

「祝好運！」他不只說給記者聽，也說給美國人民聽。

弗格森事件期間，全美各地都有圖中這種躺在地上裝死的活動，以抗議執法過當。

CHAPTER 4

美國史上最不受歡迎的兩位總統候選人

如果你不能讓他們看到求救信號，那就讓他們感到燙手吧。
When you can’t make them see the light, make them feel the heat.

——美國第四十任總統雷根（Ronald Reagan）

二〇一六年十一月八日，紐約，雖已深秋，但異常溫暖。

「據希拉蕊陣營給的消息，希拉蕊目前正在著手寫勝選和敗選的稿子，也就是對今晚的選舉可能是輸是贏，連希拉蕊都沒有把握……」在紐約市一座巨大的玻璃建築裡，刺眼的晨光透過玻璃射進我的眼裡，我努力睜著眼對著鏡頭進行著連線，因為凌晨四點就我就已經來到會場，眼睛似乎還在調適著光線的突然變幻。

這場大選，我應該是中文媒體記者中，唯一幾乎沒有漏掉任何主要選舉活動，都到現場進行報導的記者。從幾場最重要的初選，到共和黨、民主黨黨代表大會，再到三場總統辯論、一場副總統辯論，以及最後的大選之日，我都在現場。期間，我還去了古巴以及英國進行採訪，並且隨行採訪歐巴馬任內最後的訪華之行。從跨州到跨國，在各方面我都完整見證了整場大選，還近距離接觸希拉蕊、川普和其他的總統參選人。

這一切，將在這一天畫下句點。而這一天，將只有一個贏家。

希拉蕊的陣營在會展中心的中央搭起了一座龐大的舞台，舞台的形狀就是一個巨型的美國地圖。希拉蕊也許不止一次想像過這一刻：子夜時，她將踏上這片「美國大地」，接受近萬選民的勝選呼聲，而她背後巨型的螢幕將出現玻璃被打破的特效，慶祝這歷史性的一刻。

之所以選在這座全玻璃建築的巨大會展中心來舉行大選之夜活動，就是象徵希拉蕊的當選，有如打破了玻璃天花板，成為美國兩百多年來第一位女性總統。

希拉蕊認為她會是那個贏家。

不只希拉蕊自己這麼想，大多數記者也這麼想，恐怕連川普自己都這麼想。美國史上，從來沒有任何一個總統候選人像川普一樣，遭到如此多的背棄。

川普得知可能勝選：「見鬼了！」

可是，無論看起來有多麼理所當然，永遠不要輕忽最後一刻變天的可能。

這是我同年六月在英國倫敦採訪得到的心得。我當時在英國報導脫歐公投，選前，主流媒體也是一面倒認為脫歐機率不大，我也相信了。結果跌破眾人眼鏡。於是從子夜到正午，我在倫敦毫不停歇地連了十幾個小時的線，幾乎徹夜未眠。因此，對美國總統大選我絲毫不敢掉以輕心。

二〇一六年大選日那天，希拉蕊大選之夜會場周邊的氣氛緊張，警戒線重重包圍，警察也全副武裝。因爲川普選前已經表示他不打算承認敗選，而且聽說他的支持者有可能發動抗爭行動，草木皆兵。

會場裡，數百名記者正忙亂著。我還安排了晚上十點前後，要採訪負責希拉蕊外交問題的其中一位主要顧問。我盤算著，如果希拉蕊當選，雞犬升天，這位外交顧問不是進白宮就是進國務院出任要職，因此，我可得要問出令他印象深刻的問題。於是我邊看著開票結果，邊擬著問題。剛開始沒有太多意外，希拉蕊小幅領先著。

但從九點開始，選情出現變化，中西部幾個州的開票結果顯示，川普有機會拿下中西部！而這時，原先約好的那位外交顧問忽然失聯了。

大爆川普白宮內幕的《烈焰與怒火》（*Fire and Fury: Inside the Trump White House*）一書說，正是此刻，讓原本認定贏不了的川普陣營，發覺到局勢可能逆轉，內部的人全都震驚了。川普的大兒子私下對朋友說，他父親在知道有可能勝選時，表情一副「見鬼了」的樣子；他的繼母梅蘭尼亞則是哭了，但「不是喜極而泣」，喜歡低調過日的梅蘭尼亞是難過得流下淚水。

到了晚上十一點，俄亥俄州基本上確定將落入川普手裡，股市開始出現跳水現象，墨西哥貨幣也開始貶值。近萬名的希拉蕊支持者，靜默地看著開票結果。雖然雙方都還沒有拿到過半的選舉人票，但部分現場支持者已經開始掉淚。

接著，希拉蕊的選情越來越不妙。過了午夜十二點，毫無動靜的希拉蕊陣營，突然告訴所有屏息以待的記者：會展中心的租約只到半夜，凌晨兩點就要清場，記者中心和舞台等也全都要拆掉。

到了凌晨兩點，終於有人站上舞台了，但不是希拉蕊本人，而是她的競選總幹事波德斯塔（John Podesta）。他出面不是承認敗選，而是宣布因爲還有幾個州選情膠著，選票還在計算當中，所以「今晚我們不會再出面講話了，大家都回去睡個覺，明天再說」。波德斯塔語畢，便全面清場。現場一片譁然。

希拉蕊沒登上勝選舞台，記者們被掃地出門

凌晨兩點半，中西部的威斯康辛州落入川普口袋，他已經確定獲得超過兩百七十張選舉人票，成爲美國第四十五任總統。

凌晨三點，在被趕出會場後，我頂著寒風，端著手機看完了川普的全程勝選演說。川普提到，希拉蕊此前已經致電給他，恭喜他勝選。

希拉蕊始終沒有露面，也始終沒踏上那爲她精心打造的華麗舞台。

我回過頭隔著玻璃門往舞台看，施工隊已經開始進行拆除作業了。那畫面絕對是超現實的：一小時前，花了長時間搭建而成的華麗舞台還在那；一天前，衆人都還以爲希拉蕊會站上那個舞台；然後一瞬間，現實都成了幻影，只剩下記憶。

此刻，會場外除了被寒風刮起的四散垃圾，還有寥寥幾十個記者外，就沒別人了。一個支持者都沒有，警車也都撤了——川普的支持者當然沒來抗議，反而是希拉蕊的支持者跑去川普大廈抗議了，於是警察紛紛跟去戒備。

等我將此訊息與對選情逆轉的分析傳達給觀衆後，天色朦朦亮起，我才意識到第二天來臨了，只不過這第二天，和不少人想像的並不相同。二十八小時沒闔上眼的我，回到旅館毫無睡意，打開電視觀看新聞。電視上，歐巴馬面無表情地說：「無論你在大選時參與的是哪一方，無論你支持的候選人是贏還是輸，第二天早上太陽照樣升起。這也是少數我們能預言成眞的事，太陽確實出來了。我知道大家的前一晚都過得很漫長，我也是。」

選情出現了意想不到的大逆轉，接下來很長一段時間，人們都一直在問究竟發生了什麼事。一年後，希拉蕊出了一本書，書名就叫作《發生了什麼事》（*What*

Happened）。從中，我才知道，大選之夜那天，希拉蕊壓根就沒有寫敗選的稿子，她那天的全副心思都在修改勝選感言。

原來全是騙人的，選舉謊言。

美國總統大選為什麼要花一年半時間？

人們常問我：「希拉蕊為何會敗選？」我的回答常常是：初選時就有跡象了，而且是在第一場初選時，就已露出端倪了。

選出一個美國總統的過程，絕對是曠日費時。最花時間的還不是正式的大選，參選人光從宣布參選到初選結束，就能花掉一整年的時間。

例如二〇一五年六月宣布投入參選的川普，是在全美國足足造勢了超過半年，才面臨眞正的考驗——美國總統初選，也就是讓美國五十個州的選民進行初選投票，選出一個能代表共和黨出征選總統的人。而這初選就需要耗費大約四個月的時間。

初選分出勝負後，當年夏天，兩黨會分別召開黨代表大會，正式提名初選勝利的「參」選人為「候」選人，進行對決。最後兩黨總統候選人還要出席三場總統辯論，接受拷問並彼此攻訐。然後，最終決戰——美國總統大選日——就在秋冬之交的十一月第一個星期一之後的星期二展開。

不像大選階段相對簡單地一對一對決，初選階段簡直是一場大亂鬥。二〇一六年，共和黨主要的參選人就高達十七人，創下美國同一政黨最多人同時參選的歷史紀錄。除了川普和傑布·布希外，還有許多全美知名人物，包括二〇一五年三月最早宣布投入參選的參議員克魯茲（Ted Cruz），父母來自古巴、在拉丁裔中擁有高人氣的參議員盧比歐（Marco Rubio），還有幾個和川普一樣的政治素人，如腦外科醫師卡森、惠普前總裁菲奧莉娜都來參一腳。

民主黨則相對簡單，有六個人宣布參選，但只有希拉蕊和參議員伯尼·桑德斯有足夠分量，而兩人也是一路纏鬥到最後。

初選首站：成也愛荷華，敗也愛荷華

拉開美國總統初選序幕的，是中西部的愛荷華州。爲什麼這個只有區區三百萬人口的農業州，會首先舉行總統初選？總結就兩個字：複雜。

美國的總統初選規則極其複雜，而愛荷華州的複雜程度又是其中數一數二的。首先是小區要採取黨團會議（就是辯論大會數人頭計票的那種形式），各郡、國會選區、甚至是州還都要辦黨大會。因爲前置程序如此之多，因此一九七二年，民主黨決定把愛荷華定爲第一個舉行初選的州，四年後，共和黨跟進。於是這麼幾十年來，愛荷華一直都是美國初選的第一州。

看起來，愛荷華州的初選最多也就只是個農村州的投票，票數上的影響不大。但是，由於是第一個州，吸引了全美乃至於全球的媒體蜂擁而至，大幅播送，因此對選民的心理以及接下來各州的選舉都有巨大影響。

換句話說，選戰靠的不只是人脈和資金，有時打的是心理戰。

實際上，二〇〇八年時，歐巴馬就是靠著愛荷華全州走透透的「農村包圍城市」的媒體招數，殺得希拉蕊措手不及，贏得愛荷華州初選，震撼全美，讓他在其餘四十九州能與希拉蕊勢均力敵，最終成爲民主黨總統候選人，登上白宮寶座。

沒想到，二〇一六年，希拉蕊在愛荷華，惡夢重演。

川普陣營根本不歡迎外國媒體

二〇一六年，我也投入全球媒體大軍，參與報導愛荷華初選。也是從此刻起，我開啓了我的「白宮義見」專欄，每週以視訊和文字爲觀衆解說美國大選；進入二〇一七年之後，解讀的則是川普政府與世界局勢。

我一直認爲，讓人看清時事的點、線、面，是一個記者的職責，缺一不可。我每天的新聞報導，就像是一個個的點，有時讓人難以看清局勢；於是「白宮義見」就成了串連起這些點的線，讓觀衆能掌握時事的脈搏；而本書，則是將這些線串起來，成爲一個面，讓讀者能了解全局。而最根本的，還是在於點。對我來說，也就是到現場，見證與記錄每一個歷史事件的發生。

二月是愛荷華這個農業州最冷的一個月，可每四年的初選卻是最熱門的一個月。所有總統參選人幾乎到齊，帶來上千名人員與支持者不說，還迎來了數以千計的媒體，近萬人大舉湧入只有二十萬人口的愛荷華州首府德梅因（Des Moines）。

愛荷華初選時，我把焦點放在共和黨上。一方面，破歷史紀錄的參選人數加上話題不斷的川普，十分有吸引力；另一方面，民主黨大佬幾乎是全力護航希拉蕊，她拿下愛荷華初選，應該不至於有意外。

我也是在那時候才眞正見識到：川普陣營根本不歡迎外國媒體，不讓外國媒體進會場。

原因其實不難理解：一來，是全球媒體都對川普感興趣，他的造勢場合再大也很難容下上千家媒體；二來，全球媒體對川普感興趣的原因，是他既攻擊墨西哥也攻擊加拿大，又攻擊中國還攻擊中東，連美國盟友像是日本和德國也不例外。競選策略如此，邀請外國媒體似乎也就沒必要了，反正都是負面報導；第三，當然也是最現實的，非美國媒體的觀眾和讀者都不是美國公民，也就是說，外國媒體的受眾沒有選票，沒選票，那就沒什麼好說的了。

最後，則是川普在參選早期幾乎沒有像樣的競選團隊，因此也難以應付如此龐大的採訪請求。一方面，川普一開始似乎是試水溫，看看市場反應，用的幾乎都只是川普集團的人；另一方面，優秀的共和黨人才起初根本不看好川普，不願幫他工作，像後來的白宮發言人莎拉．桑德斯（Sarah Sanders）或大選最後階段川普的競選總幹事康威（Kellyanne Conway），在初選時期都在川普的敵對陣營工作，都有過公開批評川普的紀錄。

意外陷入苦戰的希拉蕊

在愛荷華初選中，川普一如預料地擠進前二，拿下百分之二十四的選票。但民主黨選情卻出現意外，希拉蕊僅僅贏了時年七十四歲的伯尼．桑德斯百分之零點二的選票。

自稱是「民主社會主義者」的桑德斯，從政三十多年來始終如一地堅持追求社會主義式的「平等」。他宣稱人們「努力工作，創造的財富卻都到了最富有的那百分之一的人手裡」，因此提出一連串包括：實現全民健保、免費上大學、司法系統改革、嚴懲華爾街投機行爲，以及改革稅制以符合社會公平等等激進的自由派主張。

希拉蕊當然知道這些大幅改造美國體系的措施在現實中的阻力有多大，不敢多打包票。但是在「占領運動」之後，越來越多民主黨人已經沒有耐心再繼續等待「漸進」的改變，他們想要看到「立即」的改變。桑德斯比希拉蕊更符合他們的要求。

桑德斯從愛荷華州初選前三個月，民調還落後希拉蕊百分之三十；到了三個月後，民調竄升，還一戰成名，與希拉蕊打個平分秋色。

這一仗，果然發揮了其「心理戰」的地位，影響了整個二〇一六年的總統初選。

由愛荷華所寫下的選戰格局，尤其是民主黨內希拉蕊與桑德斯對決的態勢，一直持續到初選最後。其他參選人再怎麼努力，都只能跑跑龍套。

沉默螺旋理論大爆發，公開支持川普者暴增

不只民主黨人，共和黨人也渴望看到立即改變，而敢承諾立即帶來改變的人，就是川普。

承諾要改變的政治人物不少，爲什麼人們選擇相信川普這個政治素人？畢業於軍校的川普，個性好強、好鬥；商人身分，讓他知道如何包裝產品和自己；身兼主持人，讓他知道怎樣拋出意想不到的話題。三者加在一起，使他敢說別人不敢說，以及意想不到的話。如果人們不認同他，他不只不怕威脅，還敢威脅回去。

也許他本身的個性就是如此，但這三個經驗，絕對進一步強化了他。

而且川普還有一大特點，這也是他最愛自誇的——他說他自己難以預測。

在他選前的最後一本書《跛腳的美國》（*Crippled America*）裡，他這麼說道：「當我不按照遊戲規則來玩時，別人就玩不下去了……我不讓人們把我放進一個可預測的框架裡，我不讓人們知道我確實想要做些什麼，或想些什麼，我喜歡難以預測，

這樣別人就站不穩腳跟了。」

由於他和世人所知道的參選人全然不同，越來越多人相信他敢做常人不敢做的事，也就是帶來「改變」。

在我剛開始報導愛荷華初選時，還沒有多少人敢明著支持川普，畢竟他確實太不「政治正確」了，支持者擔心自己公開站在他那邊會受人排擠。但在川普擠進愛荷華州初選前二名，顯示他有機會被提名爲共和黨的總統候選人後，到了初選第二站——新罕布夏州時，狀況就全然不同了。人們主動舉著各式「讓美國再次偉大」的標語，站在各主要街頭爲川普搖旗吶喊。

這讓我想到傳播學的「沉默螺旋理論」：如果人們覺得自己的觀點是少數派，他們通常會感到害怕而不說出來；相反地，如果覺得自己的觀點與多數人一致，他們就會大聲說出來。媒體通常關注的是多數派的觀點。於是透過媒體的報導，多數派的聲勢會猶如螺旋一般聲勢越來越浩大，少數派的聲音則會被壓制下去。

愛荷華州初選的結果正是如此。川普支持者看到原來有這麼多和自己一樣的沉默支持者，再透過媒體大篇幅擴大傳播支持者的言論，讓他們越來越大膽表明自己的態度。

初選次站：新罕布夏州

新罕布夏州位於美國東北新英格蘭地區，當地的二月，冰天雪地。儘管氣候嚴寒，人們卻都熱血沸騰地聚集在新罕布夏州第一大城曼徹斯特。這個美國東岸波士頓以北的第一大城，總人口卻只有十一萬，平日就像美國多數毫無發展、被時光凍住，停留在上世紀六、七〇年代的工業小鎮一樣，死氣沉沉，只有每四年一次的總統大選才讓這個城市甦醒。

居民積極參與造勢活動，想聽聽這些有機會當上美國總統的人，如何讚揚、如何承諾這個平時幾乎被遺忘的小州。而各參選人也都抓緊機會，大辦造勢活動，以維持勝算，或者是後來居上。

惡夢般的採訪：首次獲准參訪川普陣營

我在新罕布夏，兩天內跑了希拉蕊、川普和桑德斯三大陣營的造勢活動。

希拉蕊和桑德斯的造勢活動，我後來也有幾次機會報導，倒是川普，這還是我在初選階段唯一一次被批准報導他的造勢活動。當時，我也是一頭霧水。直到後來進了會場、聽了川普在台上的演說，才知道原因：因爲他那天「心情好」，於是決定讓申請的六百名記者與攝影師，全都進到會場。

但是，沒想到在進去採訪川普的造勢活動前，卻是惡夢一場。財力雄厚的川普，在初選時包下了曼徹斯特最大的聚會場所、能容納高達一萬人的體育館來舉行造勢。

因爲當時室外接近零下十度，所以我預期是在室內排隊安檢，所以只隨手披了件大外套。結果，川普陣營竟要所有記者在室外淹沒至腳踝的大雪中等候。我們等了將近一個半小時，才被放進室內。在室內很長一段時間內，我都感覺不到我的手腳。凍到失去知覺，還只是採訪川普造勢活動的第一個考驗。

在美國採訪大選活動的慣例是，媒體往往會和民眾區隔開來。媒體區往往設在離講台很遠（但不是最遠）的位置，用鐵柵欄圍起來。柵欄外都是民眾，他們進不來，我們也出不去，各得其所。柵欄的記者區，有層層疊疊的木板和鐵架搭起來的簡易平台，供攝影機在上面拍攝，電視記者也能在鏡頭前連線。台子後一般擺了些塑膠桌椅，文字記者可坐在那裡，一邊觀察現場狀況，一邊迅速發稿。

以往在鐵柵欄內挺自在的，因爲是媒體專屬的工作區域。但在川普造勢活動上，記者們卻像關在籠子裡的動物。

因爲川普喜歡罵媒體，在台上一下罵媒體「不誠實」，一下罵媒體是美國「全民公敵」，讓台下的支持者不時回過頭用惡意的眼神盯著我們，噓聲四起。

我記得當晚最糟糕的批評，是川普說記者是一群「低等生物」，那會兒，柵欄外的支持者可高興了，用嘲弄的眼神死盯著我們。要說不會感覺渾身不自在，那是騙人的。

不過，這還不是最糟的。有記者朋友說，她報導的一場造勢活動，川普在台上說：「我是不會殺記者的，雖然我恨死他們了，但我不會殺他們的。嗯……等一下，讓我再考慮一下。」她說，她當下感覺有些對媒體極端反感的川普支持者，眼神銳利地像要殺人一般，眼看都要翻過柵欄，上來替川普「執行任務」了。

記者被川普支持者歧視，還被吐了滿臉口水

考驗還沒結束。

在川普講完話後，記者要在清場前，趕緊抓現場民衆採訪，問問他們的意見和想法。當時，我在跟一位現場民衆表明身分時，他用仇視的眼神看著我，狠狠罵了句：「滾回中國去（Go back to China）！」

雖然每個國家都有種族歧視者，但作爲一個種族大熔爐，美國人從小被教育必須包容，就算有歧視的想法也必須克制不表達出來。但是，在川普出現後，這樣的歧視性言論反而受到鼓勵。

後來，我才發現「滾回中國」不是特例，我還聽聞有猶太人被喊「滾回集中營」、拉丁裔被喊「滾回墨西哥」、黑人則被喊「滾回非洲」等等，這嚴重的歧視已經打破美國長久以來的秩序。而且還不止於言語上的侮辱，還有眞的受到攻擊的。我聽到有一個白宮記者說，她在表明是自由派媒體記者的身分時，被吐了滿臉口水。

因爲部分支持者在川普仇恨媒體的言論煽動下，威脅甚至以言語或實際行動傷害記者的事件層出不窮，有幾家每天都緊追著川普的主流媒體記者，竟然得到和參選人

同等的「待遇」，特勤人員提供專門保護，確保他們的生命安全。

但是特勤人員雖然應該保護記者，有時候卻也會攻擊記者。一次，川普在造勢活動上話講到一半，突然出現了一群抗議者。在這群抗議者被警方趕出去之際，一個《時代雜誌》的攝影記者踏出了記者區（也就是「鐵籠」外），與特勤人員有了言語衝突。身懷絕技的特勤人員突然使出鎖喉功，一把抓住這位攝影記者的脖子，然後出現電影才有的畫面——記者眞的被特勤人員高高舉起，再狠狠摔下！特勤人員接著還要繼續發功時，記者在地上掙扎半天以「螳螂腿」反擊才得以脫身。

但是，就算被羞辱、被吐口水，還被鎖喉，記者們還是前仆後繼地希望採訪川普。就像川普自己說的：「我總是能吸引一大群像鯊魚一樣的記者，因爲他們希望我在水裡能放一些血。」

讓支持者全陷入瘋狂的「川普結界」

記者會想採訪川普造勢活動的原因，除了川普本人以外，還有衝突不斷的場面。

在我那次採訪中，川普至少五次被抗議聲浪打斷。有些人突然狂吼大罵起來，有的是預先準備好布條，等川普講到特定議題時，就拉開布條齊聲抗議。這時滿臉不悅的川普就不講話了，站在台上搖頭噘嘴，等警方來處理。警方來得慢了，川普的支持者就會動手打這些抗議人士。不甘示弱的抗議者還手，現場就成了名副其實的大亂鬥。

在保守派居多、支持者多過抗議者的州還好，但去到舊金山或芝加哥這種自由派大本營那就不一樣了。有一回在舊金山，上百名抗議者包圍川普演講的場地，讓川普陣營不敢驅車前往，川普只好狼狽地跟著特勤人員一路步行到後門。其中有段路還不是平的，他老人家還得跳下土坡。另一回在歐巴馬的老巢芝加哥，更出現上千名抗議者包圍會場，這回連後門都堵住了，川普乾脆宣布取消造勢活動。

因此，川普在造勢活動上除了罵媒體，也愛罵抗議者。他曾忿忿地說：「這警衛對抗議者很溫柔嘛，被趕出去還舉勝利手勢、還敢笑，我眞想往他臉上揍個幾拳！」不僅如此，他還曾呼籲支持者別客氣，動手毆打抗議者：「律師費我出！」

抗議者奇葩，川普的支持者才眞奇葩。我永遠忘不了川普曾說：「哪怕你剛從醫院出來，醫生說你死定了、你的命就剩下兩週了，這都沒關係。再搶救一下，給我挺到十一月八日，出來投我一票。就算投完死了……總之啊，我最愛你了，你永遠活在我們心中！」語畢，台下上千支持者歡欣雀躍，拍手叫好。

我瞪大眼睛看著周遭這不可思議的景象。我知道他是在開玩笑，但這玩笑卻有點過了。換成其他參選人，早就被批評得體無完膚了。但川普支持者非但不生氣，還賣力叫好。我想，支持者已經不只是視他爲參選人，而是提升到「偶像」的地位了，他講什麼，陷入狂熱狀態的粉絲照單全收。

「十一月八日你們全都得出來給我投票，否則我這就是在浪費時間和精力，我的錢都白花了！」川普沒多久再補充這麼一句，台下又是歡聲雷動。

這些支持者好像進到了一個「結界」裡，在其中，人們可以掙脫「政治正確」的枷鎖，可以公開地種族歧視，要非白人滾出去，還能動手打反對者。反正不用擔心律師費，他們大可在「川普結界」中「自由自在」地發洩情緒。

恐懼，讓人們在心中築起高牆

我盡可能在造勢後多採訪一些支持者，想了解、也想透過鏡頭，讓觀衆看見選舉初期川普支持者的樣貌。

一個工人模樣的小夥子對我說：「我對政治人物實在厭惡至極。我厭惡謊言，我也厭惡人們為了錢說謊。川普已經很有錢了，為什麼他還想當政治人物？他這麼做，是因為他相信我們。」邊聽他說，我心裡邊想：川普確實口若懸河。身為全美最富有的前五百人，竟然能讓普通的工人相信這位大富豪與他們站在同一陣線，真不簡單。

在採訪了許多稱呼川普為「偶像」「美國夢」和「未來總統」的支持者後，我看到一個看起來不到十歲的小女孩。我彎下腰拿麥克風問她是怎麼看川普的，她用童稚的聲音說：「我很喜歡他說要蓋牆，把非法移民隔離在外面。」

牆？和加拿大接壤的新罕布夏州，可是全美國離美墨邊境最遙遠的州之一，而且可能是全美國非法移民最低的州之一。這個州，超過九成以上都是白人，這個小女孩可能都很少看見墨西哥人，為什麼她也支持築牆？

我當下想到的答案，就是「恐懼」。

川普從投入參選第一天就以墨西哥人是強姦犯，到後面說穆斯林是恐怖分子的說法，一步步築起人們「心裡的牆」。

而恐懼，正是深植在人類基因裡最有效，讓人會立即採取行動或作出過度反應的一種情緒。無論老人還是小孩，都會對恐懼作出立即的反應，而這恐懼顯然也散播到這女孩的心裡。

新罕布夏州的初選結果，似乎也顯示了這個現象：川普在新罕布夏州得票率高達百分之三十五，遙遙領先所有的黨內對手。

另一方面，在愛荷華和希拉蕊打得難分勝負的桑德斯，在新罕布夏州則是以百分之六十的得票率碾壓希拉蕊。桑德斯訴諸的，也是人們對貧富差距嚴重失衡的恐懼。

我還記得開票那晚，我在桑德斯的初選之夜活動上，採訪了一個桑德斯的支持者。他以勝利之姿說：「這還是第一次，我們這些人能告訴建制集團：『下地獄吧！』那些人告訴我們誰才有可能贏，還說桑德斯根本沒機會，他們的意思就是要我們把投票給希拉蕊。我們則用選票告訴他們，誰能當總統！」

初選終站：加州

通常初選開始一個月後，就會有十幾個州全綁在一起，在同一天選，也在同一天得出結果。換句話說，第一個月打的是「心理戰」，第二個月後則是進入「實戰」，誰能一口氣拿到多個州的初選票，高下立判。由於這些州的投票日都定在星期二，因此這多州同時投票的日子就被稱爲「超級星期二」。

但是，二〇一六年的初選很不一樣，由於有兩大民粹主義者——川普和桑德斯——打著捍衛草根選民、反對菁英政治的競選策略，打亂了既有秩序，於是選情一路膠著。尤其是民主黨內，桑德斯的氣勢甚至強壓了希拉蕊。我一路從佛羅里達州採訪到紐約州，一直到初選的最後一站：加州，希拉蕊才驚險勝出。

在台上，希拉蕊說著：「我們終於達到里程碑，第一次，美國史上第一次有女性將被提名爲主要政黨的總統候選人！」台下沸騰了起來。

但，沸騰的僅限於支持希拉蕊的民主黨人，還有大半桑德斯的支持者忿忿不平。我也去了桑德斯初選的最後一場活動，在台上，他誓言不願退出選戰：「我將把我們所奮戰的社會、經濟、種族、環境正義等議題，帶到費城的民主黨代表大會上！」

我採訪的民眾中，有人大喊不公，有人揚言提告希拉蕊，還有人說「死也不會投給希拉蕊」。

爲什麼民眾反應如此激烈？因爲在全美五十個州和華盛頓特區中，桑德斯贏得了二十三個，並未落後太多，而且這還是在希拉蕊動用她與柯林頓長年累積的政治力量全面封鎖下，突圍取得的成果。

這位當時已經七十四歲的老先生究竟有什麼魅力，能在美國掀起一陣旋風？其實，他激進的自由派論點並不算新，像是採取貿易保護主義措施以保護美國工人、大學免費讓美國大學生不再一畢業就負債累累，還有其他諸如增加社會福利、提高最低工資，打擊華爾街投機者等政策，其實不少民主黨政治人物都提過，但他們知道實現太困難，因此沒人愛提，就算提了也不太會去實現。

但，突然橫空出現一個桑德斯，他這一輩子不只在說一樣的事，而且還眞的去做，讓不滿民主黨既得利益者騙完選票後啥事不幹的草根選民眼前一亮，紛紛跳出來支持。特別是占領運動者，他們希望桑德斯能改變民主黨，換掉希拉蕊這種「政客」，然後進一步改變社會，讓美國成爲類似北歐的國家。

眼見民主黨分裂，比希拉蕊還要早贏得初選的川普見獵心喜，立即公開表態歡迎桑德斯的支持者轉投給他：「對於那些桑德斯的投票者來說，他們被民主黨操縱的超級黨代表系統給打入冷宮，我們共和黨張開雙臂歡迎你！」

後來，事實證明，就算最後桑德斯在歐巴馬的勸說下選擇爲希拉蕊站台，但仍有多達百分之十二在初選時投給桑德斯的人，將票投給了川普。換算起來，可是將近一百五十萬人。考量到最終希拉蕊在普選票上面還贏過川普將近三百萬張選票，如果有這一百五十萬桑德斯支持者的助力，大選結果或許會截然不同。

希拉蕊不是輸給了共和黨，而是輸給了民主黨，輸給自己長年在華盛頓政治圈建立起來的形象。多數人已經不需要穩健的政治人物了。

民主黨分裂，可說是希拉蕊敗選的眞正原因。

希拉蕊的內憂：敗選的關鍵——民主黨分裂

進入七月，共和黨和民主黨黨代表大會先後在俄亥俄州以及賓州召開。

美國兩黨黨代表大會雖然是象徵性的，因爲黨代表票在初選時都已經由選民決定好了，黨只是象徵性提名一個總統候選人代表黨出征，黨代表大會更像是誓師大會。但是，這卻是美國兩大政黨四年一度有最多黨員以及黨內明星齊聚一堂的時刻，走在路上擦身而過的都是政府要員、重量級議員，甚至還有來助陣的演藝明星。這上萬人同時湧進一地聚會交流，對黨章作出討論與修改，議程往往長達五天。

二〇一六年的兩黨大會完全是一片混亂，畢竟川普和希拉蕊分別身爲兩黨史上最不受歡迎的候選人。我原先以爲被川普打亂的共和黨大會會更混亂一些，沒想到，民主黨大會才眞的是亂成一鍋粥。

「我請求希拉蕊被提名爲美國民主黨的總統候選人。」民主黨大會第二天，桑德斯第一次露面，說了這段話。我在現場，和近萬人一起在偌大的體育館內看著桑德斯抱著他的妻子，眼裡明顯含著淚光。現場有歡呼，也有不捨，更有不滿的民衆，全都一直喊著桑德斯的名字。

在民主黨大會召開前夕，維基解密爆出，應保持中立的民主黨高層在互通的郵件當中竟然聯手打擊桑德斯，民主黨全國委員會主席更因此醜聞下台。主席在大會前下台，根本是前所未聞的事。這讓桑德斯的支持者相信，民主黨初選根本是黑箱作業，專門設計爲希拉蕊黃袍加身的。這也讓希拉蕊被提名爲美國史上第一位主要政黨女性總統候選人的歷史紀錄，留下一個大汙點。

有受訪者對我直呼：「這證明美國的民主已經崩壞！」

於是，幾乎是每一天，都有桑德斯的支持者跑到記者區抗議，在來自全球的上千名記者面前舉布條吶喊。一次，就在我和其他記者一擁而上準備採訪時，警察衝進記者和抗議人群當中驅趕，現場一片狼藉。抗議群衆被趕出記者區後，還將手染紅，印在記者區帳篷上，留下血紅的手印，代表冤屈。而在我們出了記者區後，成排警察已經密密實實地將抗議者和記者分開，不准採訪。然而，這難堪的一幕，早已傳遍全球每個角落。

就在民主黨正式提名希拉蕊成爲總統候選人這天，抗議群衆卻忽然不來記者區了。

倒不是出了什麼意外，而是在希拉蕊接受提名前，原本艷陽高照的費城，下起了雷暴雨，主辦方擔憂記者的工作帳篷遭雷擊起火，一度還將記者全疏散出帳篷區。我們拿著設備、淋著暴雨去其他地方躲雨，但暴雨也因此沖散了過去幾天每天都出現抗議的桑德斯支持者。

當晚，希拉蕊穿著一襲白色套裝，在上萬人面前華麗登場，要成爲美國兩百多年來第一位主要政黨女性總統候選人。如果在電視機前看完希拉蕊長達一小時的講話，會覺得在場的人全都仔細聆聽她氣勢磅礴的演講。但事情完全不是這樣。

事實是，希拉蕊講完幾句話，台下就會爆出抗議聲。如果你在現場的話，根本聽不清楚希拉蕊在台上說了什麼，注意力完全都被抗議者吸引走。現場和電視上看到的畫面完全是兩個世界。而且如果仔細觀察，有時候希拉蕊自己都被干擾到了，她的眼神偶會飄離字幕機看看抗議者，再游移回來，故作鎮定。

不僅如此，桑德斯支持者還特別穿上在黑暗中會發光的螢光衣。希拉蕊登場前，由於只有台上有光，因此幽暗的台下像星空一般，這邊亮，那邊亮。希拉蕊登場後，全場亮燈，抗議者身上的螢光衣變得十分刺眼。

儘管希拉蕊再怎麼經驗老到，再怎麼強自鎮定地在抗議聲和刺眼螢光下完成演講，民主黨的分裂已經無法彌補。

這也是歐巴馬承諾改變，卻未帶來足夠改變的後果。

我的觀察是，歐巴馬當初得到支持，更多是因爲他個人的魅力，這種魅力，在歐巴馬下台後就會煙消雲散；但，桑德斯得到支持，更多是因爲他的理念，是美國民主黨一直沒對草根選民實踐的承諾，一種占領運動者所追求的齊頭式平等和正義，而理念是不會隨著桑德斯落選而消失的，這些選民會繼續尋找繼承這種理念的候選人，以求改變民主黨。而在這之前，民主黨恐怕仍會持續處於分裂狀態。

希拉蕊的外患：最後的稻草——電郵門事件

說到希拉蕊的外患，大家首先想到的可能是川普。但實際上，希拉蕊最大的外患是她自己招來的，川普只不過是使情況加劇罷了。

這外患，就是「電郵門」。

電郵門的起因是希拉蕊在擔任美國國務卿時，不用官方的國務院電子郵件帳戶，而違規使用私人郵箱來進行官方通信。後來，國務院清查，其中有高達兩千封信應該被歸為國家機密，這明顯有違美國政府規定美國官員該用政府郵箱通信的要求。為什麼這要求如此重要？因為一來能避免洩密或勾結，二來官員離任後，美國民眾是有權接觸這些通信紀錄的。

而且重點是，希拉蕊在國務卿任內有六萬多封通信，她的律師在看完後只交出了一半，因為另外一半是「私人郵件」，而且這些私人郵件還全讓她的助手給刪了，一封不剩。這不禁啓人疑竇：這裡面是不是有什麼隱情？難道其中有見不得人的勾當？

選後分析指出，在大選階段，主流媒體報導最多的議題就是電郵門事件，遠超過任何議題。甚至是醜聞不斷的川普，他所有的醜聞全加在一起，都沒比希拉蕊電郵門的報導還要多。

也許是主流媒體當時判斷，希拉蕊更有可能當選，所以對她進行了更全面的檢視；而川普的新聞多被當成「娛樂新聞」，他的醜聞和驚人言論又日夜不斷，所以媒體不願或無力對他的言行有太多深入的調查。可是，這種情形也造成了意想不到的後果。

儘管選後，有人認爲是俄羅斯駭客在臉書等社交媒體散布「假新聞」重創希拉蕊，但實際上，《紐約時報》《華盛頓郵報》等主流媒體對美國公衆的影響力卻被忽略了，他們才是不斷大篇幅報導希拉蕊電郵門醜聞，進而影響選情的推手。

這也是讓川普給希拉蕊取的綽號「騙子希拉蕊」（Crooked Hillary）能深入部分民心的原因。

無論如何，民主黨內部的裂痕早就無法彌合，希拉蕊自己又招致了電郵門事件，她的敗選早已露出跡象。

共和黨大會：讓共和黨「團結」的缺席女主角

另一方面，川普的不按理出牌，撼動了整個共和黨。

二〇一六年共和黨大會，雖沒民主黨大會那般，在內部呈現兩軍對壘的態勢，但幾個派系之間，誰也不服川普，讓川普不滿地揚言：如果共和黨最終不提名他成爲總統候選人的話，共和黨大會現場就會「發生暴動」。

那屆共和黨大會在俄亥俄州克里夫蘭市舉辦，街道舉目是滿滿的拒馬，處處都能見到裝甲車和警車。警察除了徒步巡邏，還騎馬、騎單車以增加機動性。零星的警民衝突頻傳，雙方都有人掛彩。整個城市氣氛緊張。

當然，川普順利得到黨內提名，正式成爲共和黨總統候選人，但他初選時的強勁對手克魯茲和盧比歐等，自始至終都不願爲他背書。他當初爲了爭取提名的言論，撕裂了共和黨，這些裂痕不是一時能被彌補的。

川普也清楚這一點，他必須爭取團結。很幸運地，一如我在那幾天的共和黨大會上觀察到的一個特別現象所顯示的：儘管有不少人不喜歡川普，但不喜歡希拉蕊的更多。我在現場聽到讚揚川普的話，遠不如批評希拉蕊的多。希拉蕊才是共和黨大會現場的第一女主角——缺席的女主角。

有時人們支持某一個候選人，並不是喜歡他，而是更討厭他的對手。與其讓討厭的人當選，不如支持自己較不討厭的那一個，拉討厭的下馬——恨往往比愛更能促使人採取行動，這是人性。

毫無意外地，希拉蕊「幫助」了川普，團結了共和黨。

大選前三場詭異的總統辯論

從九月底到十一月初大選日這段期間，每一天早上，我幾乎都在不同的地方醒來，那感覺十分奇妙。

因爲從九月底開始，就是美國總統辯論，連續三場，地點分別在紐約州、密蘇里州和內華達州，中間還穿插了一場在維吉尼亞州舉辦的副總統辯論，然後就是在紐約的大選日。這些大選的關鍵時刻，我全都去到了現場。而這段時間，還因爲紐澤西州火車撞月台等重大事件額外出了三次差，然後，還第一次搭上了總統專機空軍一號，報導歐巴馬到佛羅里達爲希拉蕊造勢的活動。

四十天的時間內，我出了九次差，跑遍全美各地。

於是那段期間，對我來說，美國總統辯論遠不只三場，在我的夢裡，川普和希拉蕊又額外舉行了幾場辯論，他們的語調和手勢在我腦海中揮之不去，可是往往辯論到精采的部分我就醒了，然後我就會呆呆地望著天花板，想著：這裡是哪裡？

川普放大絕：辯論後再辯論

二〇一六年九月底的第一場總統辯論的地點在紐約州的霍夫斯特拉大學（Hofstra University），這裡也是二〇一二年總統辯論的地點，重返故地採訪，讓我有種進入平行空間的感覺。只不過，同一個場地，四年前，記者中心坐都坐不滿；四年後，彷彿全球記者都來了，上千座位座無虛席，主辦單位還被迫額外增加場地。

原因很簡單：辯論前的分析都預測，這將會是美國史上最多人觀看的一次總統電視辯論。事實證明，當晚觀看美國十三個電視台直播的民眾就多達八千四百萬人，創下歷史紀錄。這數量還不包括看網路直播的人數，連推特都宣稱，這是史上最多推文的一次辯論。

總統候選人辯論是美國一大傳統，每每都能吸引數千萬人守在電視機前面觀看。

辯論的模式各有不同，場場都是考驗，包括有各自站在講台後回答主持人提問的，有和三、兩名記者圍著大圓桌對話的，還有最難以預料的現場觀眾問答等；兩位候選人還要神色自若地在觀眾前面走動，展現自信。

第一場辯論雖然兩人交鋒激烈，但整體而言，沒有太多意外。但，辯論後接著才是川普的大絕招——辯論後再辯論。

辯論之後，川普沿襲此前在初選階段辯論後的慣例，現身在記者面前，選擇性地接受記者採訪。很少有總統參選人會這麼做，像是希拉蕊在所有辯論後，都拒絕出現在記者面前，以避免說錯話或被拍到形象不佳的畫面。但是這卻也錯過了再次曝光，或向媒體進一步補充辯論場上沒說足的內容的機會。

想像一下：當川普走到你的鏡頭前說話，你有可能不在新聞中放入這一段畫面嗎？當然不可能。

我就在新聞裡放了一段川普走到我們麥克風旁講話的畫面。當時他說：「我的主旨就是讓美國再次偉大。我覺得希拉蕊完全是紙上談兵。這麼多年以來她屢戰屢敗，一事無成。」

雖然他的說話內容沒什麼特別的，但畢竟仍是新聞，他也就是這樣透過「辯論後再辯論」的方式，得到不少「獨家」的機會，出現在不同媒體的新聞裡。最棒的是，還不用和希拉蕊搶鏡頭。

毫無節操地屢秀下限

不過，第二場辯論才是最奇幻的一場，因爲進行「辯論後再辯論」的，是四個宣稱遭到「非禮」的女人。

就在第二場辯論前，爆出了川普選前最大的醜聞。那是一段二〇〇五年的錄音，川普當時在錄製娛樂節目的空檔，和男主持人在巴士上進行「男人間的對話」，結果被錄了下來。川普在錄音中提到了自己試圖勾引一名已婚女性的失敗經歷，還說他作爲名人，可以爲所欲爲，錄音中充滿了粗鄙的言論。接著，不斷有女性出面宣稱遭到川普非禮，美國輿論一片譁然。此前侮辱人從不道歉的川普，也不得不爲此事罕見地錄製影片發表道歉言論。

外界當時以爲，第二場辯論，川普將被打趴在地。沒想到，事情卻出乎所有人的預料。

就在辯論會開始前幾個小時，我和一衆記者在密蘇里州聖路易斯華盛頓大學

（Washington University in St. Louis）的新聞中心看著電視螢幕，突然看到川普陣營找來了四位女性召開記者會。原來這四位女性之中，有三位宣稱自己在過去遭到希拉蕊的丈夫、美國前總統柯林頓非禮；有一位則宣稱她十二歲遭到性侵，而性侵犯的辯護律師正是希拉蕊。

希拉蕊完全沒料到川普會來這招，媒體更驚呼這場大選簡直「毫無節操」可言。辯論會上，果不其然，川普就錄音醜聞遭到主持人的詰問。他於是再次道歉，並說：「我對過去的言論感到很尷尬，我恨這些言論，但這不過是更衣室裡的吹牛。我將把『伊斯蘭國』打趴，我們會擊倒『伊斯蘭國』！」

台下一頭霧水，侮辱女性和「伊斯蘭國」有什麼關係？

採訪川普多了就會發現：一旦他被問到不想回答、又不得不回答的問題時，就會稍微回答一下，然後硬生生轉換話題，而且還會談論很久，似乎刻意想讓人忘了原先的問題。而他轉換的話題通常也是廣受關注的議題，所以人們的注意力也會隨川普的言論而改變，成功達到他的目的。

總之，被美國媒體稱爲最沒內涵的總統辯論又在激烈交鋒中這麼結束了。事後，川普「辯論後再辯論」的大絕招又來了，但這次他臨時決定不出面，改派那些據稱遭到柯林頓非禮的女性代打。她們像是花蝴蝶般在現場飛舞，記者揮個手，她們就來到記者跟前，一次又一次地在不同記者面前敘述同樣的痛苦往事，也許是重複的次數多了，她們的表情並不痛苦，反而露出了微笑。

這絕對是最奇幻的畫面，就算川普不出面，起碼也是他的子女或競選總幹事出來回應政策上的問題，這四位女性和川普的政策或美國國家利益有什麼關聯？

某種程度上，川普也回應了他的錄音醜聞：是，我是侮辱了女性，但就是說說而已，不像柯林頓還真的去做了，而希拉蕊竟然還護衛著這樣的夫婿。

這場選戰已經髒得不能再髒了。

「爲什麼我們不能有其他選擇？」

第三場也是最後一場總統辯論，我飛到了這場辯論的所在地，內華達大學拉斯維加斯分校（University of Nevada, Las Vegas）。不遠處，川普在當地以金色玻璃打造的賭場飯店，在沙漠的炙陽下，被照耀得閃閃發光。

果然是川普的地盤，這是我兩場總統辯論與副總統辯論以來，第一次看到有支持川普的大部隊出現。儘管他們人數不如希拉蕊的支持者，但對嗆起來氣勢完全不輸。

兩軍之外，還出現了罕見的第三勢力——一群既反希拉蕊又反川普的民衆，舉著標語寫著：「這兩人都爛透了！」「這兩人是同一隻怪物的兩個頭！」「爲什麼我們不能有其他選擇？」還有個牌子寫著：「我已經開始想念桑德斯了！」

光怪陸離的不只辯論場外，場內更是。

最後一場總統辯論，兩人不止上台時拒絕握手，結束後連正眼都不看對方一下。就在辯論前，有十位女性先後指控曾遭到川普非禮，但希拉蕊也沒有比較好過，電郵門陰霾久久不散。於是這原本是關於政策的辯論，又成了兩人互相抹黑的爭吵，而且，還是兩位七旬老人的小朋友吵架。口不擇言的川普現場更罵希拉蕊是「臭女人」（nasty woman）。

就在衆人面面相覷之際，最具爭議的話，還在後頭。

主持人問川普：「你一定會接受最後選舉的結果嗎？」沒想到川普竟然回答：「到時候看看再說。」現場一片譁然。此前從來沒有候選人拒絕承認敗選，當時輿論就擔憂，一旦出現此一狀況，美國恐怕陷入紛亂，甚至分裂。

美國大選投票率低，上億人將命運擺在他人手上

辯論結束，我立即趕完一條新聞傳回上海，開始寫專欄，然後在現場錄影，等編完影片後又趕忙傳回上海。離開會場時，現場只剩我們和另一家媒體。那時是清晨六點，換成東岸時間是早上九點，又是另一個選前不眠夜。

我離開辯論場地找了家便利商店，飢腸轆轆地吃了碗泡麵，雖然是味道極其平庸、滿是味精的美式泡麵，而且因爲沒有附餐具，我只能拿兩根細如牙籤的塑膠咖啡攪拌棒充當筷子，但能喝口泡麵的熱湯，已經是我出差時足以撫慰自己的食糧了。

我邊泡著泡麵，邊看著坐在店裡玩吃角子老虎機的大媽。在拉斯維加斯，到處都有吃角子老虎機。她金色的頭髮散亂著，穿著長袖帽T配著短褲、登山鞋，也一副徹夜未眠的樣子，只是重複投著硬幣、無聊地看著機器。我心想，這位大媽也許壓根不知道前晚一門之隔的會場內發生了什麼事。她或許知道川普和希拉蕊來了，但那又如何呢？他們有辦法拯救她的生活嗎？假如沒辦法的話，關心又有什麼用呢？

其實，就算選戰再熱，半數美國人都選擇不關心、不投票。而這一屆的大選的主角，又是兩個年屆七旬、最不受歡迎的候選人，進行的還是一場最沒有節操的選舉，

要選誰都難。

美國總統大選的投票率一向偏低，根據官方數據，二〇一六年的投票率只有百分之六十一（媒體數據更低），比前三次大選都還要來得低。換句話說，有多達四成，約上億的合格選民沒有投票。這上億人寧可把自己的命運，放在其他人手中。

想到這，早前幾個受訪者的話在我腦海浮現，他們吶喊著：「他們兩人是這罪惡的政治系統生產的兩個罪犯！」「他們都是邪惡的化身，我誰也不相信！」

「這很痛，而且將會持續一段時間」

希拉蕊確實是輸了。

選舉之夜拒絕上台的希拉蕊，終於在第二天中午在一家紐約的飯店露面了。她承認了敗選。感覺她強忍淚水地說著：「川普將成爲我們的總統，我們欠他一個開放的心胸，以及一個領導的機會。」最後她還是說出了自己的心聲：「這很痛，而且將會持續一段時間。」

其實，前一晚希拉蕊還是在歐巴馬的敦促下，打電話給川普承認敗選。「這毫無疑問是我人生最奇幻的時刻之一。」她在後來的回憶錄裡寫著，「對話非常良好，出奇地平常，就像是打電話和鄰居說你沒辦法去他燒烤派對一樣，非常簡短……因爲我當時麻木了，一切都太令人震驚了。」

更奇幻的還在第二天。

川普去了白宮與歐巴馬見面。結果，衆人才發現，從二〇一一年就開始不斷指控、辱罵歐巴馬長達五年的川普，竟然是生平第一次與歐巴馬見面，川普當場還說：「我十分敬重（歐巴馬）！」

我有點活在平行空間的奇幻感覺：美國主流媒體的民調不多是說希拉蕊會贏嗎？連共和黨自己的民調都說川普會輸不是嗎？爲什麼錯得如此離譜？

於是我開始找原因。

我重新檢視選前的多數民調。這些民調在某種程度上還算是對的，當時媒體多預測希拉蕊能比川普多拿下約百分之三，也就是四百多萬張選票，這和最終結果接近，希拉蕊確實贏了川普將近三百萬張普選票。

假如美國大選是直選，那希拉蕊篤定當選；只是美國大選是選舉人團制——普選票多的，不見得就是最後的贏家。

奇葩的選舉制度，讓川普靠七萬八千張普選票選上總統？

美國總統大選從初選進入大選階段，我就開始聽到不少美國人抱怨「自己的選票不算數」。

這和美國奇葩的「間接投票」制度有關。

奇葩的選舉人團制度

美國總統大選採用的是「選舉人團制度」（Electoral College），也就是說，美國總統並不是老百姓的選票直接選出來的，選民是投給全美五百三十八個選舉人（Presidential Electors），再由這五百三十八個選舉人投票選出來的。

之所以會採取間接選舉的制度，最初是基於現實的考量。兩百多年前，一方面是選票計算不易，一方面則是擔心當時的選民素養不夠，怕民主成了多數的暴力，爲了避免選民做了「不理智」的選擇，因此才有了讓選民把票投給選舉人、再由選舉人爲選民決定把關的制度。一般而言，多數選民支持誰，選舉人就會投給誰，選舉人跑票的狀況並不常見。

而之所以是五百三十八張選舉人票，則是按照參、眾兩院議員的總人數算出來的。眾議員有四百三十五人，參議員有一百人，再加上雖然沒有實權的國會議員、但在大選時卻有三票選舉人票的華盛頓，一共就是五百三十八票。也就是說，只要拿到過半的兩百七十張選舉人票，就當選了。

那麼這些選舉人票又是怎麼分配的呢？與眾議員名額類同，選舉人票數的多寡是依各州和特區的人口比例分配，例如加州的選舉人票有五十五張，而阿拉斯加州僅有三張，贏一個加州就等於贏了十八個阿拉斯加州。

再加上美國大選中，有四十八個州加上華盛頓特區都採用「贏家通吃」（winner-take-all）的規則，也就是只要能贏得一個州的多數選票，這個州的所有選舉人票都是那位候選人的。例如，一個總統候選人贏得了加州百分之五十點一的選票，就能拿到全部五十五張選舉人票；反過來說，對手就算僅輸了百分之零點一，還是一張選舉人票都拿不到。這讓候選人更集中全力搶那些大州的票，小州很不幸地就被忽略了。

勝負關鍵在搖擺州

這麼說來，候選人不就全都要搶美國前幾個人口大州的票了？有趣的是，也不完全是這樣。

因爲美國有多達五分之四的州，都有較爲固定的投票傾向，導致候選人不會放太多心思經營，例如過去二十年，美國人口第一大州加州，大選時都支持民主黨，人口第二大州德州更是過去三十年都支持共和黨，這些都是兩黨的鐵票倉，候選人根本不用太花心思經營。加上贏家通吃的規則，有些州一直難以翻盤。

也難怪美國有高達八成州裡的選民會抱怨自己的選票不算數了。

因此，總統候選人的心思基本上都放在那些時而支持民主黨、時而支持共和黨的州，也就是所謂的「搖擺州」，例如佛羅里達州、俄亥俄州等，總統候選人在最後幾個月衝刺的時候，會一去再去。我在上一章便曾提及，二〇一二年大選時，我就跟著競選連任的歐巴馬去了兩趟俄亥俄州。

候選人都很清楚，在這樣特殊的選舉制度下，只要多拿下幾個搖擺州，就算選民直接投票的普選票數少於對方，只要「選舉人票」取勝，他照樣是贏家。

二〇一六年的大選就是血淋淋的例子。例如在中西部的威斯康辛州，川普就比希拉蕊多拿下接近兩萬多張普選票，這個州的十張選舉人票就這樣被川普「贏家通吃」了；在中西部的密西根州更慘，希拉蕊就小輸川普約一萬張票，這一個州的十六張選舉人票也是被川普「贏家通吃」了。

川普當選後，宣布退出共和黨的選戰專家施密特（Steve Schmidt），極盡諷刺地總結選舉人團制度給美國帶來的意想不到後果。他說：「在美國兩百四十年的獨立歷史上，就因爲（川普在）三個州（多拿了）七萬八千張普選票，美國人竟偶然選出了一位愚蠢（imbecilic）的前眞人秀主持人兼騙子（con man）成爲美國總統。」

最終，希拉蕊就輸給了如此奇葩的選舉制度。

鄉村包圍城市的選舉結果

選舉人團制度給美國政治帶來的嚴重問題，也使得美國的黨派之爭幾乎不可能彌合。

爲了爭取選票，候選人必須特別聽搖擺州選民的話，而這些州通常都是工業州，因此在他們當選後，政策勢必會傾向照顧特定一方，甚至走偏鋒。在這樣的制度下，候選人實際上並不需要照顧多數人，美國的分裂勢不可免。

再者，如果看美國投票的結果，會感到十分震撼。象徵共和黨的紅色州里選區，遠遠大於象徵民主黨的藍色州里選區，簡直是「全美江山一片紅」，藍色選區就像是藍色小泡沫漂浮在「紅海」之上。這是因爲美國地廣人稀，紅色的多數是人口稀少的美國鄉村地區，藍色的則是人口衆多並且集中的城市地區，這包括：紐約、洛杉磯、芝加哥和華盛頓等大家耳熟能詳的地名。

偏偏這些城市才是人們覺得必去或想去的地方。一般觀光客在飛過太平洋抵達美國後，多會直接前往紐約或洛杉磯等大城市；鄉村是剛好要去大峽谷或黃石公園路過罷了。所以多數遊人接觸到的都是一個偏自由派、以民主黨爲主體的美國，是電視影集《慾望城市》或電影《尖峰時刻》裡的「美國」，而不是廣大的、偏向保守的美國。絕大多數到過美國的人，對美國的印象其實是片面的。

不幸的是，多數媒體或民調機構也是如此，特別是各國的駐外記者，他們大多數都是在都市工作與生活，和大農村脫節，可能也不清楚也不太在乎村里人是怎麼想的。

這次大選某種程度，可以說是「鄉村包圍城市」，如果有機會到這些紅色區域，映入眼簾的恐怕多是沒落的景象。在全球化下，美國工人階級慢慢被掏空，他們認爲，就是對外貿易和移民搶了他們的飯碗，因此川普的保護主義、排外的口號格外吸引他們，導致過去不太投票的他們熱情高漲。

當然，更有可能的是，部分川普支持者在接受民調訪問時，怕被與種族歧視、性別歧視劃上等號，而不敢說真話，於是成了「沉默的多數」，默默地投給川普一票。

事實也是如此。二〇〇八年，有百分之五十三的鄉鎮地區民衆投給共和黨候選人；到了二〇一六年，投給川普的鄉鎮民衆激增到百分之六十二。同一時間，在都市和郊區的共和黨選民並沒有顯著增加或減少。換句話說，就是因爲鄉鎮選票比以往兩屆總統大選都還多，才拱了川普上台。

於是我決定到美國鄉鎮找原因。

這麼些年，我在美國至少停留一天以上的城市或鄉鎮超過百個，我鄉鎮去得不算多，但多少是接觸過的。不過，我和地方人士閒聊的機會倒是不多，因爲通常我會到小鄉鎮出差，就是那裡發生了大新聞，我一心只忙著完成任務。況且，在美國聊政治還是比較私人的事，美國人重隱私、講政治正確，你想聊人家還不一定想聊。

但這次選後，大家都有話要說。

我決定前往賓州一個幾乎沒人聽過的小鄉鎮路澤恩（Luzerne），希望從這趟行程找到答案。

為什麼川普會勝選？來自美國鄉間的答案

路澤恩郡所在的賓州，有著美國建國時期最具歷史意義的城市——費城，因此大選如果能拿下賓州，將具有十足的象徵意義。此外，這裡人口居全美第六，選民眾多，而且和佛羅里達一樣，也是個自由派和保守派各半的關鍵搖擺州。

從華盛頓驅車前往路澤恩大約要四個小時。這個小郡的土地面積跟新北市差不多大，但人口只有三十二萬人，產業就是挖煤還有工業。像這樣的小郡，貫穿整個美國東岸的阿帕拉契山脈其實還有不少。爲什麼我會選擇來這裡？因爲在過去的六次總統大選，從柯林頓到歐巴馬，路澤恩居民始終堅定不移地支持民主黨，但，他們這次卻放棄了民主黨，還壓倒性地支持川普。

路澤恩郡，可以說是川普如何贏得美國總統大選的縮影。

黑山

一進到以產煤爲主的這個小鎮，遠遠就能看到幾座山頭一片光禿的礦山。在好奇心的驅使下，我試圖上山，想拍攝一些礦場的畫面。

第一座礦山被緊密地用鐵絲網包圍住，鐵門鎖了起來，大鎖已經生鏽。上面寫著警告標語：「私人資產，請勿闖入。」如果這標語放在美國民宅外的話，大概意思是：你踏上我家的地，我就能朝你開槍，無罪。

我不死心，和攝影師繞到第二座礦山。這座礦山一樣是用鐵絲網圍著，一樣有標語，只不過已經被鐵鏽遮蓋了大半，而且大門竟然是開著的。我們按了一下車子的喇叭，空空如也的警衛亭沒有任何反應，於是，我們謹慎地開了進去。

黑山。

眞的是一整座黑色的山，幾乎看不到綠色，只有一些融雪點綴。是有幾棵樹，但非枯即死，全孤零零地聳立在黑土地上。幾乎沒有所謂的道路，只有木炭鋪出來的黑色軌跡。我下了車踏在木炭路上，咖啡色的皮鞋一下染黑，由於這些木炭被卡車或挖土機壓得十分紮實，草幾乎長不出來。路旁散落著放到生鏽的挖土機和器械，甚至就直接翻倒在路邊。繞遍了整座山，一個人都沒見著，這裡似乎有一陣子沒有動工過了。

確實，美國的煤礦產業持續衰退，煤礦工人不停失業。

實際上，美國有高達半數的州都在挖煤，與煤炭相關的產業支撐起許多美國家庭，因此他們也是政治人物爭取選票的重要對象。保守派的政治人物告訴礦工，產業衰退是歐巴馬搞的鬼，因爲他爲了對抗氣候變遷而推動乾淨能源。

不可否認，這確實是部分原因，但歐巴馬的政策沒有這麼大的能耐，煤礦產業的衰退，主要還是跟全球追求乾淨能源的趨勢，還有油價的不斷下跌有關。乾淨能源與便宜的石油與天然氣大量取代了煤炭，這才是難以逆轉的大趨勢。另外，和其他許許多多的工廠一樣，越來越多人工被機器取代，這也導致了失業情形的加劇。

原因說起來如此複雜，要怪的對象又那麼多，不如就簡化到怪罪歐巴馬一人吧！

像這個如此依賴煤礦的鄉鎮，在產業衰退加上難以轉型之下，儘管全美失業率不停下滑，這裡的失業率卻在飆升。當地每五個孩童就有一個生活在美國的貧窮線以下，且人數持續增多，而他們父母的收入也遠低於全美平均，這簡直是惡性循環，而且幾乎沒有改善的希望，因爲煤礦工人的年紀較長，教育程度較低，一旦失業，要再找到工作十分困難。

過去這裡的人民會支持民主黨，是如我們在前一章所說，因爲民主黨支持工會，保障工人的權益。但，失業的人越來越多，工會也快組織不起來了，保住自己的工作，比保住工會重要多了。而且川普還承諾他們，會讓煤炭工作「回歸當地」，這可是從上世紀八〇年代以來，沒有一個總統敢打的包票。

也許有人眞心相信川普所說；也有人心知肚明，煤炭工作是回不來了，但是既然川普敢做這樣的承諾，那就投他吧，死馬當活馬醫總比直接宣布死亡好吧。

「築牆！對，築牆！築牆！」

離開礦山，早已冰封的小鄉鎮，街頭看不見什麼人影。

沿路看到的房子都有些歷史了，但不是什麼維多利亞風的磚頭房子，都還是那種兩、三層樓高的木頭房，畢竟這裡本來就沒大富大貴過。這種房子是美國中產階級，或說是中下層中產階級住的房子，還是不錯的，絕對不是貧民區的房子。只不過顯然沒怎麼翻修，很多房子的油漆都斑駁了，屋頂也有補丁，有些房子的破窗還只用木板釘一釘、遮起來了事。

我來到當地一家外表陳舊、招牌上連燈都沒有的小酒吧。

酒吧老闆說，他早就預料到當地選情會逆轉，因爲過去幾個月，酒吧裡的顧客討論的只有川普，就連過去不太愛投票的他，也對川普頗有好感。

「就我而言，能改變美國的，只有不是政客的人。你知道，川普他是一個商人，看到一個商人掌控總統大位，這很對我胃口。」他笑著說。

酒吧客人多數也偏好川普，因爲只要川普能實現拯救煤炭產業的諾言，就能拯救周邊產業。

「這裡的人爲什麼支持他？」我問一個客人。

他似乎覺得這問題很蠢：「爲什麼？首先，這是個礦區，而川普支持煤炭產業。人們希望能夠找回他們的工作，無論在哪裡，每個人都希望找回自己的工作。而這就是他承諾的！而他也說會實現。我們拭目以待。」

但也有人說：「路澤恩這個區是一個白人居多的小鎮，非常傳統，我們做的是煤炭生意。這個小鎮的人不喜歡全球化，他們不喜歡很多希拉蕊倡導的事情。而現在川普贏了，很多原來不敢公開支持他的種族歧視分子都堂而皇之地站出來了。這是很悲哀的，眞的很悲哀。」

儘管路澤恩不斷衰退，奇怪的是，卻湧入了大量的拉丁裔人口。在歐巴馬執政的那幾年，甚至占了這小鄉村一成左右的人口。這種情形在這壓倒性都是白人的小鄉鎮引起恐慌，他們擔心當地的工作機會被這些外來人口搶走。

酒吧老闆說：「就好像一罐糖豆，如果罐子滿了，就不能繼續往裡面裝了，不然就會灑在地上，對吧？這裡已經裝不下更多人了，所以我們要限制入境的人數。」我聽完後，想到沿途的地廣人稀，心想：說「裝不下」，未免誇大了。

「所以我贊成川普說的，」老闆一再重複川普的競選口號：「築牆！對，築牆！築牆！」

「沒出櫃的川普支持者」

此行，我也走訪了路澤恩當地少有的高等學府——國王學院（King's College）。在這樣的鄉鎮會有這麼一所高等學院，原因也是因爲這是由當地教會所創立的，創立目的就是讓當地礦工和工人的子女也能接受高等教育。我訪問了這個學院的政治系教授索薩（David Sosar），他在當地居住多年，也是當地議會的成員，任教長達四十年。

「不少美國人開始希望有一個『皇帝總統』（Imperial President），因爲當今政治一片混亂，只有強人才能改變局勢。」索薩一針見血地說。

美國不是沒有出過「皇帝總統」，這個詞還特別被拿來形容羅斯福。羅斯福時期，因爲大蕭條和戰爭，使得當時國會大權旁落，羅斯福集大權於一身，並且他還史無前例地當了四屆的總統。不少人相信，就是因爲羅斯福被賦予如皇帝般的權力，美國才能走出大蕭條，打贏二次世界大戰。羅斯福給美國人帶來的光榮，至今仍令他們難忘，也讓羅斯福始終位居美國最佳總統前三名，與華盛頓、林肯並列。

亂世需要英雄。但是，今天的美國不是已經慢慢走出戰爭的陰霾，經濟開始復甦了嗎？

索薩說，美國經濟或許是復甦了，但對絕大多數人來說，復甦猶如海市蜃樓：「復甦是有的，但是只有在東西兩岸，卻沒有在內陸發生；即使有，也沒有那麼強勁。路澤恩距離紐約市只有約兩百公里，卻是一個內陸城鎮。你去我們各個區看一看，我們的居民大多是藍領階級，如工廠的工人、技工，這就意味著他們並沒有眞正感受到或者受惠於經濟的復甦。在東岸與西岸兩個沿海地區以外的居民，其無奈感是不斷攀升的。」

他說，其實從這次大選的整體投票地圖就能看出端倪，美國五十個州一共有三千多個郡，希拉蕊只拿下其中不到五百個，她拿下的絕大多數都是沿岸以及內陸的大城市，此外清一色都投給了共和黨的川普。

那選前民調又是怎麼回事？

索薩說，他本來就預期川普能拿下向來支持民主黨的路澤恩，這並不意外；意外的是，他竟然席捲了路澤恩六成選票，大贏希拉蕊足足百分之二十。他後來發現，正是因爲川普飽受爭議，導致部分支持他的人不敢公開表態，這也造成了許多選前民調的誤判。

「川普的選民通常會保持沉默，我稱之爲『沒出櫃的川普支持者』（closet Trumpies）。」索薩說道：「他們不希望在自己的圈子中被稱作種族主義者、法西斯分子、恐同者、恐伊斯蘭者，所以他們保持沉默。他們與人交談，並且友好地點頭微笑，然後轉身把票投給川普。他們的目的無非是尋求改變，我覺得這是對路澤恩投票結果唯一合理的解釋。人們其實是喜歡他的言論的。」

不過，也是因爲這次的總統大選，他才第一次被我這樣的中文媒體採訪。索薩坦言，他覺得美國在國際上讓人看笑話了。

「我們美國人在這次選舉中的互相攻擊和結出的苦果已經使自己蒙羞了，人們像看笑話一樣看我們，」索薩苦笑：「我覺得大家看這次大選就像看一起事故，其他國家的人不想看卻必須要看，因爲美國的國際地位重要，許多國家的人都被迫要看。」

最後，他笑著說：「我希望美國能慢慢復原。我還是樂觀的，我對未來一兩年仍抱有好的期待。」

索薩預見了川普的勝利，卻沒預測到川普治下的美國並沒有復原。

辯論會時，在 CNN 主播檯前，雙方支持者你來我往，各舉招牌在鏡頭前為各自候選人造勢。

為了怕說錯話或被拍到形象不佳的畫面，很少有總統候選人會在辯論後出現在記者面前。但川普卻發揮他擅長的「辯論後再辯論」本領，來到我們麥克風旁講話。

CHAPTER 5

川普「大劇」，正式上演

從此刻起，一切將以美國優先。每一項關於貿易、稅收、移民和外交的決定，都將以有利於美國工人和美國家庭爲準。
From this moment on, it's going to be America First. Every decision on trade, on taxes, on immigration, on foreign affairs, will be made to benefit American workers and American families.

——美國第四十五任總統川普（Donald J. Trump）

除了《紙牌屋》（*House of Cards*）外，我不追劇。但川普當選後，連《紙牌屋》也相形遜色，於是我只追「川普」這齣劇。

這齣大戲於二〇一六年十一月九日上映，主角就川普一人，其他配角在登場後，各自以不同的姿態離去或留下。至於劇情，完全是神展開。每天，應該說是每刻都有新進展，而且環環相扣，讓我每天神經緊繃，深怕漏掉任何細節，每天都得盯劇。重點是，這齣劇絕對不會劇透——因爲完全沒有劇本，也沒人知道劇情會如何發展，連川普自己都不知道下一刻會走向何方。

當選後到上任前：平靜下的不安

川普當選後的一個月，我就進到他劇裡才看得到的、金碧輝煌的莊園——海湖莊園（Mar-a-Lago）。

此前，我只在美國媒體上讀到過這座被稱爲「冬季白宮」的巨大莊園，似未聽聞中文媒體曾進到此地報導過；之後，也要一直等到來年四月，中美首腦在此會晤，才開始見到中文媒體對海湖莊園的大篇幅報導。

時值十二月，能逃離寒冷的華盛頓來到這，沐浴在攝氏二十度的陽光和海風中，絕對是奢華的享受。但我來此並非度假，而是肩負白宮記者團的任務。

白宮記者們其實都相當焦慮，急著想了解該如何和川普的新聞團隊打交道，我也是。

在大選期間，除了保守派和幾家主流媒體以外，大多數想和川普新聞團隊打交道的記者都找不到門路，寄出的採訪請求也都像進了黑洞似地，有去無回。

這一方面，主要是川普新聞團隊在乎的是「對他友好」和有影響力的媒體，一開始就不看好他或是對獲取選票的幫助不大的媒體，彼此都覺得沒必要多加聯繫。

另一方面，也許是商人性格，川普的新聞團隊規模一直不大。因爲過去，在川普商業帝國中，除了要推銷和應付公關危機需要人手以外，他並不需要（也許也不想要）養一大群應對媒體的人，他這想法一直延續到大選時，所以當我和希拉蕊團隊負責亞太媒體、甚至是連負責西班牙媒體的主管都建立了聯繫後，一直都沒和川普團隊負責亞太媒體事務的人建立起聯繫。因爲，根本沒有這個人的存在。

川普當選後，記者不只不知該從何建立起聯繫，還聽說川普政府將把記者移出現有的新聞發布室。川普不喜歡多數媒體，他的不少下屬也是，於是有傳言說，川普將打破幾十年來的傳統，讓記者進不了白宮。

所以白宮記者協會在川普當選後，便緊急與川普團隊聯繫。當時，川普還沒任命下一任白宮發言人，新聞團隊還處在大選時的小規模編制。白宮記者協會的主要訴求，就是希望川普團隊能遵循傳統，讓白宮記者團每天派人跟著候任總統，確保每天記錄下候任總統的消息，發布給白宮記者團參考並且報導。最後這點，川普方面倒是答應了，至於其他的訴求，他們沒有鬆口。

這也是我能進川普海湖莊園，和極少數記者一起記錄川普當天行程的原因。

我到海湖莊園的這一天，川普安排和三個人見面，全是閉門會晤。他偶爾露個臉，帶著賓客到高處看他的莊園。記者們除了在這一刻能看到川普以外，多數時間則是吹著溫煦的海風在門外靜靜等著，看著莊園俱樂部會員或曬太陽或在泳池裡戲水，以及法拉利與瑪莎拉蒂等名車進出莊園。

平靜下，卻也有些不安。

因爲和不少記者的目的一樣，我來此也是想和川普的團隊建立起聯繫。但這天從早到晚就只有一個工作人員全程陪同著記者，無論問什麼，她的答案都是「不知道」。

一問三不知的門外漢新政府

白宮記者也得到了一大堆「不知道」的回應。

白宮記者協會定期都會召開大會。過去幾年，也就是儀式性地走個過場，因爲歐巴馬時期協會運作正常，與會者一向不多；但就在川普走馬上任前幾天，卻迎來史上最大規模的大會，有上百人、幾乎所有的成員都出席了，導致多達半數的人只能站著。

現場愁雲慘霧。

記者們你一言我一語地向主席還有委員會提出建議或表達憂慮，很多老記者都說他們從來沒有遇過與媒體如此敵對的新政府，一樣身爲記者的主席在台上面對許多問題也都答不上來，只能說會記下來，如實向川普的白宮新聞團隊轉達。

所幸，川普上任一個月前新任命的白宮發言人史派瑟是個內行人。在此之前，他爲共和黨做了將近二十年的相關工作，不論他自己喜不喜歡，他了解媒體對川普政府成敗的重要性，把記者趕出白宮顯然不是聰明的做法。

在川普上台前，史派瑟對白宮記者協會承諾，會盡量維持白宮記者團每天隨行總統的傳統，他也打算天天回答媒體問題，但形式可能會有改變。史派瑟在他二〇一八年出版的《白宮記者會》（*The Briefing*）一書中說，他當時和川普團隊溝通後，想法一致，就是：「我們要盡早進行每日例行記者會，來餵食『媒體怪獸』，以免他們把我們吃了。」

至於記者能不能繼續待在白宮，他則沒有正面回應。

其實這一段時間，川普團隊間也很難有時間坐下來討論達成什麼共識，因爲從川普在二〇一六年十一月九日確定當選，到二〇一七年一月二十日就職，整個準備時間就短短兩個月。

爲了確保美國政府的延續性，候任總統在這兩個月最重要的就是尋找適當的內閣成員，然後確保他們有機會能在參議院中得到足夠的票數獲得任命，這樣新政府在開始後才能有效運作。而且光招募各政府部門的領頭羊還不夠，他的下屬還得幫忙尋找新政府所需要的大大小小約四千個職位空缺。除此之外，還得制定新白宮裡包括第一夫人辦公室、副總統辦公室、國家安全事務委員會、新聞辦公室等一系列部門的新規則。

每屆美國政府改朝換代就短短兩個月時間，這工作量，絕對龐大。

重點是，得罪一票共和黨建制派的川普，還沒辦法得到前朝遺老的支援，只能由一堆和他一樣的「門外漢」來完成這龐大無比的新政府組成工作。

除此之外，這兩個月期間，還要準備盛大的總統就職典禮，因爲不只數十萬或上百萬人會親身來到美國首都華盛頓來參與，全球各地數以億計的人都會觀看直播，所以半點差池都不能有，否則就成了國際笑話了。

美國第四十五任總統正式上任

這場花費達到破天荒兩億美元的美國總統就職典禮，先不談周遭，本身還算是順利的。

歡呼聲混著抗議聲，美國首都街頭儼然成了戰場

美國總統就職典禮絕對地講究，不像英國首相就職幾分鐘就能完成。美國的總統就職典禮對就職的要求，就寫在美國《憲法》裡，往往需要一整天的時間。

就職日，其實一早就有活動，其中的重點，就是將卸任的總統和將上任的總統在

白宮的會晤。雖然美國人很愛喝咖啡，但特別的是，美國前後兩任總統歐巴馬與川普都幾乎不喝咖啡，於是這成了一場「茶敘」。

在茶敘後，按照傳統，兩家人要一起去到美國國會，因爲美國總統就職的時間，依美國《憲法修正案》規定，除非特殊狀況，日期一定是一月二十號，時間必須是正午，就職者需手按《聖經》，跟著最高法院大法官的話語，念完就職誓詞。

就在川普念誓詞的當下，我在他正前方的下方台子上觀看時，我後面突然出現一群鬧場的人，台下一陣騷動。川普誓詞一念完，後面一個中年女子就衝上來把抗議者推倒，警察這才來把他們拖走，邊被架走他們還邊嘶吼著。由於他們離川普也就一、兩百公尺距離遠，川普應該是有聽見的。

國會現場觀禮群衆以白人居多，很多人頭上都戴著紅色的「讓美國再次偉大」（Make America Great Again）帽子，而從腔調和穿著可以看得出來，不少人是從鄉間專程趕來觀禮的。有人告訴我，要不是川普就職，他可能這一輩子都不會來華盛頓，他笑著說：「我很樂觀，我覺得這將是歷史上最美好的四年！」

我很快就發現，很多人看到東亞面孔的我，態度並不友善，甚至有人還拍打了我們的攝影機。爲了避免發生過去遭到種族歧視者辱罵，甚至是發生意想不到的暴力，面對滿街的川普支持者，我大多數時間都把寫有中文字的麥克風放進大外套的口袋中，要求攝影師盡量把攝影機拿在腿邊，只有在仔細觀察對方後，我才會禮貌上前，詢問對方願不願意受訪。

反對者顯然更樂於接受採訪，而且抗議者不只有民主黨人，還有共和黨人。我發覺一個舉著「普丁贏了」牌子的抗議者是共和黨人，他對我說川普親俄羅斯的態度令他難以接受，他說：「我這輩子一直支持共和黨，我曾經投票給小布希、雷根、羅姆尼、馬侃，但是我這次沒辦法堅持了，我無法接受川普來當我們的總統。」

而就在我採訪一位抗議者時，就在我的眼前，她遭到川普支持者言語上、甚至是肢體上的騷擾。

當時，我問她為何要舉牌抗議，她說：「我來行使我《憲法第一修正案》的言論自由權。」這時突然有幾個年輕人，拿著「讓美國再次偉大」的帽子遮住她的臉。她憤怒地說：「把你的東西從我臉上拿開，拿開！」她繼續對著麥克風說：「我希望那些沒有投給川普的三百萬人站出來發聲……別碰我！」那幾個人譏笑著，繼續試圖給她戴帽子、拿帽子碰她的臉。她眼眶有些泛淚地說：「我希望人們團結起來，不要容忍對我們的攻擊和騷擾……」

不只有些支持川普的人行爲失當，部分反對川普的人行爲更是惡劣。當天有抗議者情緒失控，砸玻璃、縱火燒川普的帽子，甚至連街邊的車子都燒，還與警察爆發衝突。一時間煙霧彈齊飛，美國首都的街頭儼然成了戰場，最後有超過兩百人人遭到逮捕。

在華盛頓這麼些年，我還未曾在這城市經歷過情緒如此複雜的一天。

美國就此進入眞假難分的新時代

川普就職這天，氣溫突然回暖到攝氏十度，是就職典禮史上罕見的溫暖。雖然氣溫回暖，可惜天公不作美，川普一開口演說時，天空突然下起了雨。在陰天宣誓就職，在雨中發表就職演說，歡呼聲混著抗議聲，美國第四十五任總統唐納．川普正式上任。他以十六分鐘，發表他以「美國優先」爲主題的就職演說。現場有歡呼聲，也有抗議聲。美國民衆對於川普將把美國帶向何處，仍沒有想法，他們唯一的共識是，川普上任後將面對分裂的美國。

對於這場雨，川普第二天在中央情報局（CIA）發表演說時，卻有另一番解讀：「現場看來有一百萬到一百五十萬人……而且快下雨了，雨應該會把人嚇跑……

我念第一行時，幾滴雨淋在我身上。我說，喔，太糟糕了，但我們沒問題的。結果事實是，雨立即就停了，超神奇的，然後就出大太陽了。當我離開後，又下起了傾盆大雨。」

事實上，我在現場、在雨裡看川普演說時，雨確實是時有時無，但並沒有出過任何太陽，後來也沒有所謂的傾盆大雨。

那天始終是濛濛細雨，斷斷續續。

而美國就此進入非雨即晴、眞假難分的新時代。

就職第二天，華盛頓的平行空間

就職典禮後的第二天，華盛頓街頭戴紅色川普帽、以白人居多的人群不見了，換上了一批五花十色的人，而且各個種族都有，以女性居多。她們多穿上粉紅色的衣服，參與的則是名爲「女性大遊行」的抗議活動。

這抗議的名頭，說是抗議川普不尊重女性的言行，其實，和過往民主黨的遊行一樣，主題永遠五花八門，充滿都市人的色彩，有人是支持女權的，有人支持移民改革，有人支持歐巴馬健保，有人支持同性戀權利，有人支持種族平等，還有一大票環保人士，這也讓民主黨的抗議活動，總是像城市裡的嘉年華。

據稱，有多達一百萬人走上華盛頓街頭，高達五百萬人在全美遊行，全球還有八十一個國家都有遊行，共同主題都是：反對川普。

站在同樣的華盛頓街頭，就差一天的時間，卻是兩個完全不同的世界，猶如進入平行空間。

二〇一六年大選前到選後，我聽說不少支持不同候選人的夫婦鬧離婚、朋友喝醉毆打彼此等故事，其中最慘的，是一個加州人的故事。我在飛機上與他相鄰而坐，他說他和鄰居幾十年來一向友好，小孩玩在一起長大，直到有天他在自家草坪上插上支持川普的牌子後，他的鄰居一怒之下放火燒了他的愛車。看我聽得瞠目結舌，他大概想展現男子氣概，對我說：「然後我砸爛了他的車！」我至今仍記得他說這句話時的勝利表情。

會造成這樣的分裂，當然有各種各樣的原因，主因之一還是鄉下人和城市人難以彌合的鴻溝。人們開始仇視起彼此，確切地說，是鄉下人更仇視都市的自由派菁英。《絕望者之歌》一書，對鄉下人如何看這些菁英，有很清楚的說明。在歐巴馬上台後，他們更覺得整個政府就是爲菁英服務的，政府制定的政策遺忘了他們，他們雖然是美國人，卻是被邊緣化的一群人，人數眾多，卻沒有發言權。

而且他們不只覺得歐巴馬是另外一個世界的人，歐巴馬的體面外表和標準發音引發了他們的自卑感：他們看到歐巴馬是個好爸爸，但他們自己卻當不了好爸爸；他們看到歐巴馬穿西裝上班，自己卻只能穿著工作服上班；蜜雪兒告訴大家要吃得健康，而鄉下人特別痛恨這個——問題不在於蜜雪兒說得是錯的，而是她說得一點也沒錯！他們討厭的是，這些菁英在食衣住行上的精緻，讓他們的生活看來更加粗鄙。

於是他們被激怒，投給和歐巴馬越不一樣的人越好。然後他們勝利了。他們來到華盛頓街頭，宣稱華盛頓是他們的了。

選輸的那群人悲憤不已，他們想藉著抗議告訴對方，想占有華盛頓沒那麼容易！他們抨擊、他們說教，可他們卻一竿子打翻支持川普的數千萬人，於是更把對方推向與自己對立的另外一面。

急推白宮發言人上戰場：失敗的「下馬威」

川普就任總統的第二天，不只白宮外一片抗議聲，白宮內也傳出陣陣驚呼。

針對川普的就職大典，不少美國媒體的焦點都在於川普人氣沒歐巴馬旺，因爲從空拍圖來看，歐巴馬二〇一三年的就職典禮參與確實人數爆滿，預估大約有一百萬人，但川普二〇一七年的就職典禮比起來就只有七、八分滿，更不要說比不上創下史上最多人參與紀錄的二〇〇九年就職典禮，當時有多達一百八十萬人參與這位史上第一位黑人總統的就職。

這讓始終不服歐巴馬的川普十分不滿。他在就職典禮後耿耿於懷的，首先就是這件事，於是硬推著史派瑟出來，和記者「證實」來看他的人就是比歐巴馬多。由於就職典禮是週五，史派瑟原本盤算著下週一正式面見記者、想帶著笑容來闡述川普的政策，突然接到總統命令要他週六就要面見記者，而且談的不是政策，而是參與典禮的人數。他一時之間手忙腳亂，只好開始想辦法爲川普辯護。

川普的目的，就是一上台就要給媒體下馬威，讓媒體不再小題大作。可惜，史派瑟並未成功執行川普的第一個任務。

週六下午，白宮外，抗議川普人群在白宮周遭川流不息；白宮內，史派瑟登場。個頭不高、身材厚實的他穿著淺灰色西裝，一上台就對媒體一陣批評，說媒體的報導為假。還拋出至今仍然謂為經典的一句話：「無論是親臨現場的還是全球觀眾，這絕對是世所僅見最大規模的觀禮人群，毋庸置疑！」

面對一個第一次見記者就毫不客氣和媒體對著幹的白宮發言人，台下的白宮記者全都震驚了。而史派瑟抨擊完媒體甩頭就走，完全沒接受提問，讓台下的白宮記者又一次感到難以置信。

史派瑟後來透露，他回到辦公室時，原以為會得到川普的讚揚，但川普反而很不高興，因為一來他們根本沒有對過稿，二來史派瑟也沒有接受媒體提問，搞得像他不敢面對媒體的樣子。史派瑟說他當下懷疑起人生，直覺得工作的第一天就會是他的最後一天。他說當他開車出白宮大門時，他「不確定是不是能再開回來」。

史派瑟坦言：「我留下了很差的第一印象，回頭看，那就是終點的開端。」終點來得很快。六個月後，史派瑟無預警宣布辭職。

從廢除歐巴馬健保看穿川普的性格

川普政府剛開始那段時間，我每天進白宮都像上戰場般，每天我都和一、兩百名記者，前胸貼後背地擠在只有四十九個座位的白宮新聞發布室，瘋狂舉手想要提問。每天都有讀不完的新資料、做不完的新聞，和準備不完的連線。還要不時盯著手機，擔心下一秒，白宮是不是又有什麼大新聞會爆出來。

川普一上任，便忙不迭地宣布退出《跨太平洋夥伴關係協定》（TPP）、在美墨邊境築牆、禁止伊朗等七國公民入境美國等重大政策，引發軒然大波。

一週，這些極具戲劇化的事件，全都發生在短短的一週內，全是與行政命令有關。歐巴馬時代，一個月能出一則大新聞就了不起了，川普卻是一天至少一則。

川普在共和黨大會時曾經說過：「我一個人可以解決所有的問題！」

美國總統雖是全球最強大國家的領導人，但在行政、立法和司法三權分立的美國，總統的權力仍是有不少局限的。總統一個人之所以有「解決所有問題」的能力，主要靠的就是行政命令（executive orders）。

什麼是總統行政命令？

擁有行政權的美國總統，主要能採取三種行政行動：第一就是總統行政命令，第二是總統備忘錄（presidential memoranda），第三則是公告（proclamations）。

這當中，最正式的就是行政命令，雖然這不是立法，但卻是在現有法律的大框架下，把總統想執行的部分詳細列出，因此某種程度上，行政命令還可以被視為是「法律」的，因為整個美國政府都必須執行行政命令。行政命令範圍所及，只要和美國行政機構打了交道，像是辦簽證、入境、交易等等，都就會受到行政命令的影響。

行政命令有好有壞，像是林肯解放黑奴的行政命令就備受後世肯定，而小羅斯福不分青紅皂白把所有日裔美國人關進集中營的行政命令至今仍備受批評。再如川普一上來簽署的，每一個都是能讓美國吵翻天的議題，像是築牆和旅行禁令等。

而每位總統簽署的行政命令數量也不一，像是小羅斯福簽署了超過三千七百個，美國第二任總統亞當斯只簽過一個，歐巴馬和小布希則各簽了不到三百個。

不過，行政命令來得快，可能去得也快。

因為新總統上來，隨時可以廢除前一個總統的行政命令，這也就是川普之所以能夠推翻歐巴馬《跨太平洋夥伴關係協定》的原因。

國會也可以採取行動廢除行政命令。在美國能制訂法律的是國會，行政命令必須符合法律框架，如果國會認爲行政命令不符法律，是能採取行動將之廢除的。

如果行政命令違反美國《憲法》，擁有司法權的法院也可以廢除行政命令。例如旅行禁令，一開始就遭到聯邦法官拒絕執行，川普政府後來屢次修改禁令，也屢次遭到聯邦法官拒絕，官司一路打到最高法院，花了整整一年半的時間，才得到美國最高法院允許執行。

總之，總統行政命令並非川普所想像的萬靈丹。

川普的第一道行政命令：廢除歐巴馬健保

川普上台後簽署的第一道行政命令，不是別的，就是要廢除歐巴馬健保。但很快，他就嘗到上任以來最大的挫敗。當時，我在白宮橢圓形辦公室裡，親眼目睹充滿挫折的川普，並從他的慘敗更加認識他這個人。

歐巴馬健保從頭到尾遭到國會共和黨人的痛恨，甚至還曾經導致美國政府關門。儘管國會民主黨人是以多數暴力強行通過此項法案，但歐巴馬健保確實是不折不扣的法律，因此川普簽署的行政命令，只是「名義上」下令要廢除歐巴馬健保，「實際上」的操作還是落在國會手上。

不求甚解，只求贏

川普認爲，廢除歐巴馬健保是易如反掌的事。首先，共和黨人喊著要廢除歐巴馬健保已經七年了，加上美國是超過十年來，第一次有共和黨同時掌控參、衆兩議院以及白宮，也就是說，只要「完全執政」的共和黨內部看法一致，要通過或廢除什麼法律都不是問題。

信心滿滿的川普，一上台就朝著廢除歐巴馬健保邁進，並且還和衆議院議長攜手推出了名爲「美國醫療法案」的健保，準備替換掉歐巴馬健保，來個無縫接軌。這份法案被暱稱爲「川普健保」（Trumpcare），凡事不服歐巴馬的川普，對自己的名字能換掉歐巴馬，又能留名青史，當然是欣然接受。

但是，在我深入研究「川普健保」後，我開始發現，川普本人對這健保並不清楚。我仔細觀看他的公開發言、美媒對他的專訪等，發現他被問到細節時，總是含糊其辭。

在大選期間，川普對不少政策總是含糊其辭。不少人認爲是因爲他還沒執政，難以定調，但到他開始執政後衆人才發現，他個性就是如此，而且他最在乎的，其實就是「贏」——面子最重要，至於裡子如何，他看得沒那麼重。

不求甚解，只求贏，是我對川普的一大認識。

本著對贏的執念，沒有過多考慮，在上任滿兩個月時，川普就開始強力推動衆議院動員投票，結果沒想到，共和黨議員內部光對於「如何廢除」歐巴馬健保，就存在巨大的分歧。這裡就必須回到之前所談到的茶黨。

茶黨基本上就是爲廢除歐巴馬健保而生，他們始終全力執行選民託付給他們的任務——完全廢除歐巴馬健保，而且廢了就廢了，根本不用有什麼替代品。

但此時歐巴馬健保覆蓋人數高達數千萬人，若完全廢除勢必造成社會紛亂。況且，共和黨其實有不少選民是需要歐巴馬健保的，全部廢除，代表著許多的選票也將跟著流失，於是他們想採取更中立的做法，也就是用「川普健保」取而代之。於是，共和黨溫和派和茶黨人又再次槓上。

商界思考在政界栽跟頭

商人出身的川普信奉「見面三分情」，於是決定親上國會山莊和這些議員面對面談判，他覺得自己有辦法說服對方，還能採取他在商場上慣用的「威脅利誘」，下最後通牒。但，事實證明這套並沒有用，茶黨人說不就是不，他們反過來還藉著川普的媒體光環，大加宣傳他們的理念。

從這，我也觀察到，川普一開始是相信凡事透過談判總是有解的，因爲他相信人總是受利益驅使，談判能讓人各取所需，這其實也形塑了他看世界的方式。只是談利益在商界可能有效，在政界又是另外一回事了，有些意識形態是根本沒辦法溝通的，即使再怎麼威脅利誘也沒用。

一頭栽進政治圈的川普，可能還是第一次發覺他「談判的藝術」在「意識形態」面前栽了跟頭，這是我對他的第二個認識。

最後，可想而知，廢除歐巴馬健保並沒有獲得足夠票數的支持，法案只好撤回。

就算慘敗，也要自己宣布敗局——因爲可以推給別人

接著，川普決定臨時面見記者。我和十幾個白宮記者立即被召集起來，等在橢圓形辦公室的門外。

由於通知得很急，包括我在內有不少記者來不及帶上大外套，一群人就在三月零度上下的門外等著。沒想到一等就等了半小時，讓我們直打哆嗦。很顯然，橢圓形辦公室內一直還沒敲定該如何說明這難堪的事實。

一進到橢圓形辦公室，川普面如死灰地坐在他的大辦公桌後，開口就說：「我們所能得到的共和黨人的票數已經很近了，非常非常接近了，可是我們卻沒有民主黨人的支持，我們沒有任何一張民主黨人的票，他們不給我們任何一張票，所以很難廢除。」

他絕口不提共和黨的內訌，把責任推給本來就不可能支持廢除歐巴馬健保的民主黨人。共和黨是多數黨，若團結一致，要廢除歐巴馬健保易如反掌。可是想要快速贏下這一局的川普並沒有先了解黨內的意識形態，雖拿著一手好牌，卻因倉促出牌，亂了牌局。

這也是我對川普的第三個認識：就算慘敗，他也要不假他手，自己宣布敗局。因

爲川普會說：他自己已經盡力，失敗都是因爲對手阻撓所致。

這招其實對川普的支持者特別有用，因爲他們本來就不是緊跟新聞的一群人。他們對很多政治的細節本來就不清楚，或許也不想清楚，因爲他們看到的世界往往是二分法的世界，也就是：我們是好人，他們是壞人。在仇恨政治橫行下，這裡指的「他們」通常是民主黨人，也就是歐巴馬加希拉蕊的支持者，因此川普歸罪民主黨人的說法，很容易被他的支持者接受。

難堪時，可以否認自己做過的事

我還記得，當時川普忿忿地說：「政治上最好的做法，就是等著歐巴馬健保自己崩潰。歐巴馬健保正在崩潰中。」彷彿廢除歐巴馬健保和他無關，是共和黨議員自己硬要提的，因爲他「本來」就說要讓歐巴馬健保自己崩潰。但實際上，法案卻是川普一手倉促推動的。

這又是我對他的一個重要認識：難堪時，川普甚至能否認他自己做過的事。

而本來因爲白宮和參、衆兩院都在共和黨掌控下，眼看著命運不保的歐巴馬健保，因爲川普急著出牌，亂了一手好牌，而繼續生存了下來。歐巴馬健保在後來雖然陸續被共和黨分解，但框架仍算完整，甚至維持到川普任期超過一年半時還繼續著，沒有崩潰。

從「川普之握」看「阿爾法男」的特性

川普元年，除了內政讓人看的頭暈眼花以外，外交更是讓人驚呼連連，甚至連「川普之握」都成了話題。

大選時，具反移民傾向的川普，屢屢批評包容難民的德國總理梅克爾。川普上任兩個月後，梅克爾終於到訪白宮，可想而知，兩人的首次見面，場面並不熱絡，兩人在橢圓形辦公室共同會見記者時，川普甚至沒和梅克爾握手。

現場的實際狀況是：不僅記者喊著要兩人握手，梅克爾還主動輕聲地問了川普要不要握手。但頭和眼神朝著反方向的川普就是沒反應，梅克爾爲此還盯著他的側臉，抿了一下嘴。

一時間，美國總統和德國總理沒握手是「無視」，還是「無意」，引發了很多的解讀。

舉世矚目的川普之握

川普喜不喜歡一個人，往往可以從握手看得出來。像是他和多年死敵歐巴馬的握手就相敬如「冰」，但和他一當選沒多久就急著跑來和他見面的日本首相安倍晉三，那完全是熱情洋溢。當他們在白宮橢圓形辦公室見面時，川普是使勁握、用力握，邊握邊拍安倍的手背，還不時把他往自己的方向拉，一握長達十九秒。安倍在握完後，不禁仰天翻白眼，露出如釋重負的表情。

英國《獨立報》就分析說，川普的握手法，叫「化骨綿掌式握法」（bone-crusher handshake），那快要把人的手掌捏碎的握法，展現的是他主導的力量和自信。

川普之握的另一大招式，則是英國《衛報》形容的「吸星大法握法」（yank-shake），也就是把對方拉向自己。一個著名的例子是，他與副總統彭斯（Michael Pence）在勝選之夜的兩度握手，拉得彭斯重心不穩，趨步向前；在提名戈薩奇（Neil Gorsuch）為大法官人選時，川普猛拉得戈薩奇最後都快內八了，才勉強穩住重心。

分析指出，川普這一握法，常出現在他與下屬的握手當中，表達出的訊息是：信任，同時還有：這裡我是老闆，我說了算。

不少分析都說，這些握法反應出商人出身的川普是「阿爾法男」（alpha male）：是領袖人物，有自信，也有些自我中心；做決策快，卻可能忽略小節；喜歡發表意見，但也常常拒絕承認意見有誤。

川普之握「威名」遠播，一時讓要和川普見面的各國領導人紛紛作出準備，就怕在鏡頭前出糗，甚至被解讀成川普的「從屬」或美國的「藩屬」，那就不太妙了。

於是，開始有人找出破解之道。

不「握」不相識

在川普首度出訪歐洲時，我也跟隨著他的腳步到了比利時的布魯塞爾，那是在二〇一七年五月底。在北約高峰會前，川普特別在美國駐比利時使館，與剛當選法國總統的馬克宏見面。在美國使館裡，我見證了兩人握手的時刻。兩人握手時間雖短，但馬克宏是微微抬起頭收緊下巴、緊咬牙根地握；川普有兩度看似想鬆開手，但馬克宏並不願意放，一直緊緊握著。握完之後，川普的手留下了翻白的印記，一時引發媒體熱議：究竟馬克宏是有意和川普較勁，還是無意的？

馬克宏事後接受法國媒體採訪時表示：他是故意使勁握的。出乎意料的是，「阿爾法男」川普在棋逢對手後，反而對馬克宏十分尊重，他們還建立起相當良好的情誼。甚至川普任內舉辦的第一場國宴，就是爲馬克宏而辦。當馬克宏到達白宮時，甚至主動伸出手和川普兩個人手牽手一起走入橢圓形辦公室，兩人感情之深厚可見一斑。而且據聞，川普私下有事沒事就會給馬克宏打電話。不過，據媒體報導，馬克宏有時爲此感到相當困擾（不過後來兩人還是因爲意識形態不同鬧翻了）。

以柔克剛的印度總理

另外，我見證的另一個破解之道，不是硬碰硬，而是以柔克剛。

同年六月，川普在白宮迎來印度總理莫迪。當時天氣正好，川普在白宮玫瑰花園舉辦了聯合記者會。兩人剛一握手，莫迪馬上對川普來了個「熊抱」，而且不只是一度，而是兩度熊抱著川普。兩個體重加起來兩百公斤的領導人肚皮頂著肚皮，讓現場記者紛紛拿出手機，拍下這說不上來是什麼狀況，但感覺卻異常溫馨的一幕。

在白宮玫瑰花園，印度總理莫迪用熱情融化了川普之握。

看懂美國與川普：不可不知的美國優先與孤立主義

一樣是六月，一樣是在白宮玫瑰花園，但融化的換成我和一大票記者。

當時，上台四個多月的川普將宣布第一個「實質上」會撼動全世界的決定——美國是否退出《巴黎協定》。

川普宣布這天，雖是六月初，但氣溫已經飆升到三十度，當天氣溫比歷年來六月的均溫高上六度以上，萬里無雲。川普預計三點發表講話，記者們在兩點出頭就被安排到白宮玫瑰花園。由於安全考量問題，記者一坐上提前排好的塑膠座椅上就不能走動了。於是我和一票記者就默默坐在焦熱的艷陽下曝曬著，連講話都是奢侈，因爲無法補充水分，大家低著頭，感受頭髮一片滾燙，髮根邊緣汗水沸騰著。

全球氣候出現了變化，毫無疑問。

比預定的時間晚了半小時，川普出現，走上台準備開始宣布他對於《巴黎協定》的決定。

川普先陳述他的看法。他說：「就算《巴黎協定》全面實施，且所有國家都遵循，預估只能在二一〇〇年，減少全球氣溫零點二度。」川普伸出他的食指和拇指，指尖相碰：「想一想，就這麼多，非常非常微小。」

因此，美國將退出全世界九成九國家都簽署的《巴黎協定》。「歐洲、亞洲，和世界各地的外國領導人，不應該比美國的人民和民選代表，對美國的經濟擁有更多的發話權。」

川普說完，台下支持者掌聲一片。這象徵著川普政府第一次退出一項全球性的協定。

孤立主義在美國一直都存在著

時間回到四天前，我還在義大利西西里島，報導川普首度出席七國高峰會（G7）的新聞。當時，所有新聞的焦點都在川普傾向保護主義的貿易政策以及氣候變化政策，全球其他六個主要已開發國家站在同一陣線，與川普針鋒相對。

最後，在六國強烈施壓之下，川普在貿易議題上讓步，與各國重申開放彼此市場、對抗保護主義；不過，他在氣候變化議題上卻沒有讓步，只有六國表示願快速執行《巴黎協定》。當天，川普推文表示，他將在回到美國後再做出決定，美國是否續留在由全球一百九十五個國家共同簽署的《巴黎協定》。

德國總理梅克爾對此強烈不滿：「我們有一整場討論關於氣候變化議題，情況是這樣的，我們有六國領導人，算上歐盟的話，是七個領導人共同對抗一個（美國領導人）。」

在義大利時，是七方對一國；現在，川普宣布退出後《巴黎協定》，成了一國對上全球近兩百個國家的局面。

我在白宮玫瑰花園聽完川普的半小時演說，發覺他所有的論調都離不開他「美國優先」的政策，還有些自掃門前雪的味道。川普的做法，引發一連串美國是「流氓國家」的批評，還有美國是否走向「孤立主義」（Isolationism）的爭論。

其實，孤立主義在美國一直都存在著。

孤立主義是一個國家的外交政策，簡單地說，就是我不干涉你，你也別干涉我。經濟上採取的是保護主義，軍事上則是不捲入涉外戰爭。

從川普一上台就退出《跨太平洋夥伴關係協定》，再加上此次他退出了幾乎是全球共識的《巴黎協定》，都讓人懷疑他是不是個孤立主義者。其實他也曾在與梅克爾舉行的聯合記者會上，被德國記者問過這個問題，他當時的回答是：「管你怎麼狂野地想像，我絕對不是孤立主義者。我不知道你讀的是什麼報紙，但我猜就像你所說的，你讀的可能是假新聞。」

川普是孤立主義者嗎？或者，美國是一個孤立主義國家嗎？

美國是一個孤立主義國家嗎？

我先來回答第二個問題：美國是一個孤立主義國家嗎？答案是：美國這個國家一誕生，其實就充滿孤立主義。

美國首任總統華盛頓就曾經呼籲，要美國盡量不要跟其他國家有政治上的牽連；而美國另一位國父傑佛遜（Thomas Jefferson）還說過，美國不要和其他國家結盟。這樣的孤立主義思維，主宰了美國接下來近百年的歷史。

到了第一次世界大戰後，時任美國總統的威爾遜想改變美國的孤立主義，於是提倡國際聯盟（League of Nations）。這個聯合國的前身，在威爾遜的主持下成立，結果，其他國家加入了，他卻無法說服他自己的國家加入。

然後美國在接下來又維持了十幾年孤立主義。這是爲什麼？

因爲美國才打了犧牲巨大的一戰，人民十分厭戰，接著又遭遇了經濟大蕭條，讓美國更是拒絕介入國際，特別是歐洲的事務。直到日本偷襲珍珠港，美國才願意投入戰場。二戰後的國際秩序，基本上都是美國一手主導，這才眞正打破美國百年來的孤立主義，融入了國際社會。

然後時間快轉半個多世紀，美國又經歷了在阿富汗和伊拉克的兩場漫長戰爭，接著又是金融危機。這一切有沒有很眼熟？是的，歷史自己重複了自己，而美國的孤立主義又重新萌芽。

根據皮尤（Pew）民調，從歐巴馬第二任期開始，第一次有百分之五十以上的美國受訪者認爲美國不要管太多國際事務；到了歐巴馬任期的最後一年，更是上升到百分之五十七。

於是，「川普是不是孤立主義者」是一回事，重點是，他執行的是他背後許許多多支持孤立主義的美國人民的想法。不管未來如何發展，孤立主義對美國來說並不是新鮮事。

要看懂美國和看懂川普，孤立主義是必須要看懂的一個角度。

川普的聯合國大會處女秀：出乎意料地沒出乎意料

川普眞正在全球面前毫不修飾地展現出美國孤立主義一面的，無非是他二〇一七年的聯合國大會處女秀。

幾個月前，我有機會隨著川普進行他任內的前兩次外訪，也就是出席北約高峰會和二十國集團高峰會，當時鬧得沸沸揚揚的，就是他對北約盟友訓話，以及在氣候議題上與十九國唱反調的事件。

但這次可是他第一次眞正參與全球性的會議，他究竟會向世界說些什麼，各方屏息以待。而記者們也無不想辦法擠進現場。

每年聯合國大會，最受人關注的就是「一般性辯論」，也就是各國向世界闡述本國的立場與主張。近兩百個國家領導人與高級代表，要在五天半內發表演說，時間是很緊湊的，所以有每人發言十五分鐘的規定。但，作爲世界第一強國領導人的美國總統向來不吃這一套，歐巴馬過去八年平均每場發言時間是三十八分鐘，而川普這次的演說則是長達四十一分鐘。

首先，川普將美國優先的政策，放大到世界各國，要各國優先考量自身利益。他說：「作爲美國總統，我將永遠置美國於優先，就像你們一樣，作爲你們國家的領導人，你們將永遠、也應該永遠置你們的國家於優先的地位。」

這反應出川普的世界觀。他希望把他不少支持者反全球化的想法，擴散到更多國家去。

另外，如同他的就職演說把美國描述爲一片黑暗，還說美國「廢棄工廠像墓碑一樣遍布全美」，他也認爲世界是「危險的」。

他並說：「美國有巨大的能力與耐心，但如果美國被迫來捍衛自己與其盟友的話，我們將別無選擇，而完全地摧毀北韓。『火箭人』正在對自己和他的政權進行自殺性任務。」

當然，「火箭人」指的是北韓領導人金正恩。

沒人鼓掌，倒是俄羅斯代表笑了，而現場更多的是彼此間的交頭接耳。大概是沒人預期，川普會在國際場合用綽號來形容一個國家的領導人。而坐在聯大第一排，離川普只有幾公尺距離的北韓代表，早就離席表達抗議了。

面對各國代表，川普也不忘提及，他認爲美國負擔聯合國超過五分之一的預算是不公平的。川普說：「美國是一百九十三個聯合國成員國之一，但我們卻付了整體預算的百分之二十二以上。事實上，我們的負擔超過任何人理解。美國背負著不公平的重擔。」

聯合國預算的負擔原則，是與各國國民生產總值（GNP）有關，美國的GNP占了全球的四分之一，這其實是符合公平原則的。而且其實美國還屢屢拖欠聯合國會費。而這次聯合國大會後不到一年，美國已陸續退出聯合國教科文組織以及聯合國人權理事會。

川普在聯大演說處女秀中，他的表達方式、他演說的內容，還有就算在國際場合他也是一樣努力迎合他的選民，是「出乎意料地沒出乎意料」。

川普的忠實跟班安倍晉三

聯合國大會兩個月後，川普的首度亞洲之行，我在日本與南韓，現場直擊他是如何將美國優先政策發揮到淋漓盡致。

十一月初，我從華盛頓飛到東京，準備報導川普對亞洲五國長達十二天的外交之旅，這是他上任以來時間最長的外訪。其中，他將走訪美國在亞洲的鐵桿盟友——日本、南韓與菲律賓。

和歐洲盟友老和美國頂嘴不同，美國的亞洲盟友聽話多了，而且對美國的好感也比較高。像是在歐巴馬任期的最後一年，皮尤民調指出，超過七成的日本人對美國抱持著好感，但在川普執政後，日本人對美國的好感度一舉跌到六成以下。而且當我抵達日本時，讀到《日本時報》的一份民調就顯示百分之四十三的日本民衆認爲川普來訪對日本不是好事，只有百分之二十三認爲是好事。

川普的亞洲之行，就在盟友又愛又恨的奇妙氣氛下展開。

天還沒亮，我們一票記者就來到位於東京西側、日本本州最大的美軍空軍基地——橫田基地。川普選擇這裡作爲他亞洲行的第一站，強調的就是美國在亞太的軍事實力。而在這裡，川普也爲他的亞洲政策定了調。他在台上以印度洋、太平洋區域，簡稱「印太」（Indo-Pacific），取代了過去歐巴馬所說的「亞太」（Asia-Pacific）。接下來他的行程中，川普也全都只提「印太」。

日本首相安倍晉三對於川普的來訪可以說是精心安排，他甚至還特別仿效川普競選時製作的招牌帽子，上面寫著「川普與安倍晉三讓美日同盟更加偉大」。兩人隨後在帽子上簽名，只不過川普都大剌剌簽在正中間，安倍只好簽在一旁角落，莫名體現出美日同盟的主從之異。

離開軍營之後，川普的下一站，不是去日本首相官邸談正事，而是去高爾夫球場打球。兩人似乎是純打球，沒有聊太多公事。當時把球打入沙坑的安倍，揮了兩桿才把球敲出來，趕緊小跑步跑出沙坑，想跟上大搖大擺往前走的川普。結果一個不小心，安倍在沙坑裡跌了個倒栽蔥，沒想到川普還是自顧自地走，沒有回頭。這尷尬的一幕被日本電視台在高空中給拍了下來。

之後在共同記者會上，雖然兩人都表達了兩國關係的緊密與良好，但川普依舊兩度公開批評日本在貿易上占美國便宜，讓安倍在記者會初始就立刻表態會增加美國軍火的購買量。而川普在讚揚了日本之後，還不忘加一句：「日本啊還是不如美國，那就維持這個樣子吧！」一旁的安倍面露微笑，但保持著沉默。

在記者會現場，我也觀察到：美方記者全被安排到中間，正對兩位領導人；日本記者卻被安排在邊側，全都必須側過頭來看領導人。一般來說，爲了顯示公平，聯合記者會都是兩國記者各坐一邊，這種狀況還是我第一次見到。這也可以看出安倍爲了迎合川普，連記者會都下足了功夫。

對於川普的日本之行，隨行的《華盛頓郵報》記者還寫了篇觀察稿，標題是：「日本領導人安倍晉三很好地扮演了川普忠實跟班的角色」。

什麼盟友不盟友，全都比不上明晃晃的利益

在訪日之行結束後，川普飛往南韓首爾，開啓了一天的旋風訪問。

在川普亞洲行前，南韓就已經傳出了抱怨。因爲南韓二十五年來第一次用「國事訪問」來接待美國總統，而日本用的卻是規格較低的「工作訪問」，但川普在日本停留的時間卻比在南韓多一倍。

原因除了川普和安倍的關係，比他和南韓總統文在寅好以外，由於川普造成朝鮮半島局勢緊張的言論和推特，讓南韓人紛紛用行動來表達他們對川普的不滿。因此我在南韓採訪途中，看到軍警無處不在，因爲抗議也是無處不在，甚至我當時人在南韓總統府青瓦台裡都能聽到抗議的聲音。我想川普也一定聽到了，他在南韓的第一天基本都沒什麼笑容。

在川普與文在寅於青瓦台舉行的記者會上，他一講完話，沒等東道主文在寅，就先行下台離開，而文在寅則亦步亦趨地默默跟在他後面。就像川普在日本打高爾夫沒有等安倍一樣，他也沒等文在寅，也沒有回頭。

隔日，川普預定十一點於南韓國會發表演說，但晚了近二十分鐘還沒現身。南韓

國會主席只好在台上說：「因爲川普總統尚未完成他的演講稿，希望在場的國會議員和媒體記者，能再多等待一下。」這番言論讓現場每個人都面面相覷。

跟著川普走訪美國在亞洲的兩個盟友，我觀察到的是：過去起碼還會掩飾，現在卻明擺著不對等的同盟關係。

日韓爲了配合「美國優先」，兩國領導人都在記者會上宣布願意增加美國軍火的購買數量；在貿易問題上，兩國也表示願意讓步，南韓甚至重新談判了《自由貿易協定》。雖然日韓兩國都宣稱與美國的關係來到「史無前例的高度」，但他們卻也有必要強調他們「再度確認」了與美國牢不可破的同盟關係。

川普毫不猶豫地將美國優先大旗插在盟友土地上，顯示了他錙銖必較的商人個性，也清楚表明：對美國而言，什麼盟友不盟友，全都比不上明晃晃的利益。

美中政策的轉變：與其互利還不如美國單獨獲利

日韓之外，川普上台後，美中政策也有了轉變，從兩國互利，變成了不如美國單獨獲利。

歐巴馬時代的美國，強調中美兩個大國的競合——既要競爭，也要合作。我還記得在專訪歐巴馬任內最後一個白宮發言人厄尼思特（Josh Earnest），美中政策爲何時，他說：「歐巴馬總統相信，美國與中國間有著牢固的關係對於美國人民是有利的。兩國間有許多合作的空間，無論科技、氣候變化、能源政策，或是兩國間的國安議題，還有經濟議題等。」

那時美中政策強調的還是互利。川普上台後，一改「競合」爲「競爭」，改「互利」爲「自利」。

於是，川普政府在第二年，於貿易議題上打起單邊主義大旗，大幅轉向，接連對美國的盟友如歐盟、加拿大、韓國、日本等國揮大棒，還屢屢對中國進口商品課徵關稅。於是，中美關係也出現變局，這也就是二〇一八年開始的中美貿易爭端。

幸運或者是不幸，我在美國開始跑新聞，始於二〇〇八年金融海嘯，除了親歷衝擊，也直擊了這波金融危機給美國帶來的衝擊，我確實深刻感受到美國人的焦慮感。

從一八七〇年代左右開始，將近一百五十年的時間，美國一直是世界第一經濟強國，在二戰後更是建立起舉世無匹的軍事力量。對這個連兩百五十年歷史都不到的國家來說，有大半時間，她始終是老大，而且是無人能敵的老大。

不像其他古老帝國全經歷過盛極而衰的自然循環，美國興盛以來，從未屈居第二。

假如有從寶座跌落的這麼一天，那對美國人造成的心理打擊將是無比巨大。因此在經歷過兩場中東戰爭、金融海嘯，還有歐巴馬任內八年「從背後領導」的外交政策，加上在二〇一四年國際貨幣基金組織（ＩＭＦ）公布按購買力平價（ＰＰＰ）來計算，中國的國內生產毛額已超越了美國等等，都讓美國人開始產生「美國第二」的錯覺，這也讓川普「美國第一」的口號受到支持。

民調機構蓋洛普在二〇〇八金融危機那年所做的民調顯示，受訪者中，有百分之四十的美國人認爲中國是全球第一強國，只有百分之三十三認爲美國第一。一直到今天，民調仍然顯示，認爲中國經濟實力已超越美國的不在少數。

但事實上，中國的經濟總量仍僅有美國的三分之二，軍事費用的支出也遠不及美國。

總之，就算中國無意挑戰美國的霸主地位，在心理作用下，不少美國人還是有過激的反應，認爲貿易保護主義能讓美國繼續偉大——儘管歷史一再證明，貿易保護主義可能帶來短暫的好處，但長期下來不僅無濟於事，還可能弄巧成拙。

不過，正是因爲四年一次大選的政治制度，讓美國總統向來難以考慮長期戰略，更常著重於短期的政治好處。再有遠見的總統，也難保繼任者上來後，自己的政策不被推翻，因此也不敢做長期的規畫。

總之，全球貿易格局是長期形成的，錯綜複雜，川普政府一連串對中國或對盟友的貿易行動，是難以驟然改變局面的，從原料、供應鏈到物流，都難以在短期內找到替代品。

而且我在美國生活多年，加上曾前往英國報導脫歐公投、法國總統大選、德國聯邦議會選舉，還在比利時、義大利、奧地利等國進行過採訪，我必須說，很不幸地，在民粹主義崛起的背景下，西方經濟與國際地位恐怕還會持續低迷一段時間。也就是說，西方恐難以在短期內團結一致；而西方難以團結一致，美國就難以獨善其身。

儘管美國還是世界第一，而且接下來很長一段時間，美國毋庸置疑地還會處於世界第一的地位，但美國在全球的實力和影響力，早已不如二戰或冷戰結束之後，難怪川普的競選標語是「讓美國再次偉大」。正如川普所暗示的，美國已不如過去偉大，這也說明美國已不可能像過去一樣，可以用一國之力操控全球，美國最終還是需要中國的。

我在採訪美國最頂尖的國際關係學者、「軟實力」的提出者約瑟夫．奈伊（Joseph Nye）時，他就表示，對短期的中美關係，他「並不是特別樂觀」，但是，

「長期來說我很樂觀，我不認爲中國和美國對彼此構成了外部威脅，我們雙方都能夠通過合作來獲得很多的利益，而且在未來會有更多單方面無法解決的問題出現。」

因此，在每天看這世界第一大與第二大經濟體的關係起起落落之間，這全局是不能忘的，唯有如此才不至於迷失其中。

假新聞風波：川普與媒體越演越烈的衝突

「假新聞」，這大概是我跑川普白宮新聞以來最常聽到的一句話。

川普不只老愛在鏡頭前罵媒體，在社交網路上也是三天兩頭就提一下，甚至連著名的《柯林斯英語詞典》都將「fake news」選爲二〇一七年度的風雲詞彙。

於是我也常常被問到：川普所說的「假新聞」，究竟是眞的還是假的？

媒體的錯誤報導，是否就是假新聞？

確實，美國主流媒體偶有散播假新聞的狀況，事實上，二〇一七年底就接連發生了一連串事件，這讓川普也有了攻擊主流媒體的可乘之機。

首先是美國廣播公司的老牌調查記者羅斯（Brian Ross）宣稱得到獨家消息，他說川普在大選期間，指派他上任後的國家安全事務助理弗林（Michael Flynn）和俄羅斯人聯繫，這等於是證實川普在大選期間勾結外國勢力操縱美國大選，讓美股一度暴跌。結果沒多久，羅斯出面道歉，表示消息來源有誤，他本人也遭到停職四週的處分。

無獨有偶，幾天後換CNN上場接力。二〇一六年九月大選正熱的時候，維基解密曾發布大量希拉蕊陣營的郵件。對此，CNN宣稱，有駭客在維基解密發布前就和川普的兒子小川普聯繫，說可以提前爆料，這也等於是說川普在大選期間得到外國勢力相助。結果沒多久，CNN道歉說他們搞錯時間了。

還沒結束，接著輪到老牌的《華盛頓郵報》。這次不是新聞出問題，而是社交媒體上的發文出了紕漏。《華盛頓郵報》的記者，針對川普的造勢活動，發布了一張門可羅雀的照片，譏諷川普。結果川普立即反擊，稱該照片是在他抵達之前拍攝，並拿出證據顯示當天根本座無虛席。最後，換《華盛頓郵報》記者道歉了。

這些事件，讓川普痛批說：「假新聞簡直失控了。」

媒體有假新聞，川普也有假新聞

話說回來，美國媒體有假新聞，川普自己也發布過不少假新聞。

事實上，《華盛頓郵報》有持續追蹤川普所做的錯誤或誤導性的說法。川普元年，據統計，川普做了兩千一百四十個錯誤或是有誤導意味的陳述，平均一天五點九個（當然這裡面是有不少重複的部分）。

舉個例子，川普常說的一句話——全世界都占美國便宜，美國和幾乎所有國家都有貿易逆差。然而，在川普亞洲行的時候，這句話就被重重地打臉。

當時，時任澳洲總理的滕博爾（Malcolm Turnbull）回應川普道：「美國對澳洲並沒有逆差。」一臉狐疑的川普說：「是，除了你們……你們是唯一的國家。但如果我查證的話，我也許會找出……」沒等川普說完，滕博爾立即插話：「你找不出來的，因爲這是眞的。」

事後，我也查了美國國際貿易委員會的資料，發覺滕博爾所言不虛。而且算了一下，與美國有貿易往來的國家和地方，美國對其中將近半數是有貿易順差的。套用川普的說法，世界上有將近一半的國家被美國占了便宜。

更重要的問題是：到底什麼是「假新聞」呢？

在川普眼裡，負面的新聞就是假新聞

普遍認爲，假新聞就是通過傳統媒體或者社交媒體，刻意傳播錯誤訊息來誤導大衆，目的是爲了從中得到經濟或是政治上的利益。而傳播錯誤訊息的行爲，總統和媒體都有，雖說是否刻意、意圖爲何才是重點，但這卻是最具爭議，以及最不容易評斷之處。

不過，散播假新聞的後果，卻是顯而易見，那就是會失去衆人的信任。路透社在川普第一年任職期間，針對一萬四千多位美國人所做的一份聯合民調指出，信任美國媒體或信任美國總統的人數，都不到一半。也就是說，美國媒體或美國總統，失去了美國人民的信任。

但是很多川普口中的「假新聞」，其實只是他不喜歡的「負面新聞」。

川普自己在推特上曾毫不避諱地說：「任何負面的民調都是假新聞。」

他還曾說過：「儘管我們在經濟和所有事務上取得巨大成功，百分之九十一的電視新聞對我的報導還是負面的（假的）。」

負面新聞和假新聞，在川普眼裡是可以畫上等號的。

有些人會說，川普想藉此壓制負面言論的司馬昭之心，看都看得出來，難道美國民衆看不出來嗎？川普的支持者還眞的相信他，遠甚於相信主流媒體。二〇一八年中，哥倫比亞廣播公司對川普支持者做的一項民調，問題是：「你相信誰給的是正確的訊息？」結果令人震驚：高達百分之九十一相信川普，百分之六十三相信他們家人和朋友，相信美國主流媒體的，只有百分之十一。

美國仇恨政治造成的分裂，讓川普支持者不相信多數由都市人和自由派經營的主流媒體，他們認爲多數媒體是自由派的喉舌，他們更相信川普說的，甚至隨川普的「媒體是全民公敵」的鼓動而攻擊主流媒體。

老實說，再怎麼公正客觀的報導，到不同人眼裡都會出現不同的解讀。人，往往是自己相信什麼，就是什麼，對於自己不願相信的，擺再多事實在眼前也都會認爲是假新聞。

美國的自由派比較願意接受多元的訊息，願意接納不同種族與性向的人，但，保守派更傾向相信世界是二元的，非黑即白，因此川普的假新聞說法，對他的支持者特別有用。

很可悲，但卻是今日美國的現實。

川普的「假新聞」戰略：當你們批評我時，沒有人會相信

著名新聞節目《六十分鐘》的老牌主持人萊斯利．斯塔爾（Lesley Stahl）透露過一段祕辛，她在選前專訪了川普，對於川普老是批評媒體假新聞，她抱怨說：「你一直這麼做，變得很無聊了，該停了吧？你都贏得共和黨提名了，幹嘛繼續攻擊媒體？」

川普回答：「妳知道我為什麼這麼做嗎？我就是要讓你們失去可信度，貶抑你們所有人。所以當你們寫我的負面報導時，沒有人會相信你們。」

川普的假新聞說法，其實就是一個戰略。三人成虎，重複次數多了，總是有人會被動搖的。

我有時也會和跑白宮的保守派媒體記者聊天，他們告訴我，其實川普也愛和媒體鬥，越鬥越能吸引大眾的注意力，越鬥越能讓大眾聽見川普的聲音。越能聽見，也就代表越能動搖更多的人。

二〇一七年，川普舉辦了一個「假新聞獎」，找出媒體已經公開坦誠犯錯的新

聞，加強民衆對假新聞的印象。例如諾貝爾經濟學獎得主克魯格曼（Paul Krugman）在川普勝選當天，於《紐約時報》上聲稱，川普的當選將導致全球經濟永不復甦。三天後，克魯格曼道歉並收回言論。這都強化了川普所說的假新聞是眞實存在的。藉著假新聞的說法，川普也能和自己的支持者說：這些主流媒體就是要追殺他，他們是有系統地在抹黑他。

美國媒體也不甘示弱，在二〇一八年中，由《波士頓環球報》發起，《紐約時報》等各地媒體參與，共計三百五十家美國媒體大串聯，在同一天刊登類似的社論，說他們不是假新聞，指控川普的做法是在戕害美國的新聞自由，反擊川普才是「全民公敵」。

也有媒體拒絕參與，例如《華爾街日報》，他們雖然反對川普的說法，但認爲媒體大串聯反而會讓川普的支持者找到藉口：你看，這些媒體還說沒有組織起來要整垮川普，騙誰呢？

當時，民調指出，半數共和黨人仍都認爲，美國媒體才是全民公敵。

川普的假新聞戰略，還有一招，就是大量拋出議題，讓記者一個新聞接著一個新聞報導，停不下來，沒有時間多做分析。記者況且如此，一般人更是無法消化每天如此大量的議題，只會對一條又一條的新聞瞠目結舌，接著麻痺，然後遺忘。

最終，人們全都迷失在「何爲眞相」當中。

爲什麼川普要這麼做？

因爲川普白宮這齣大戲，有一條主線貫穿他的總統任期，也就是始終盤據在他頭頂上的烏雲——通俄門。

通俄門事件

報導白宮的記者，其實已經發現，當讓川普不滿意的新聞爆出來後，川普就會做出令人意想不到的決策，或拋出一條有吸引力的推文，成爲另一個大新聞，然後媒體就會開始一窩蜂另一條新聞。

有個採訪川普十多年的老記者這麼告訴過我：川普喜歡一次看好幾台電視，有時對內容不認同時，他就會發一條推文，然後，他就能看到眼前所有的電視報導內容一百八十度轉向，開始討論他的推文。這代表著，川普非常清楚他改變新聞議題的巨大影響力。

而川普改變議題的時候，往往與通俄門出現新進展時有關。那通俄門是從何時開始的呢？

通俄門的起始點

我們必須把時間線拉回二〇一五年川普投入選戰初始。川普當時就多次讚揚俄羅斯總統普丁，並且表示，他有信心處理好美國跟俄羅斯之間的關係。例如當年八月時，川普就說過：「普丁總統對歐巴馬總統完全不敬重，完全沒有。我會和普丁對話，我將與他融洽相處。」

二〇一五年以來，民調指出，美國人民對俄羅斯不抱好感的，始終維持在七成以上。川普為何反其道而行，對俄羅斯充滿好感？有人猜，川普在俄羅斯有商業利益；有人說，俄羅斯手上有川普在俄羅斯招妓的資料；有人認為，這是因為俄羅斯在大選時幫助了川普；還有人覺得，川普純粹就是喜歡強人，掌控俄羅斯將近二十年屹立不倒的普丁，是川普崇敬的對象。

川普在二〇一六年五月確定贏得總統初選後，開始布局總統大選。一個月後，川普的兒子小川普、女婿庫許納（Jared Kushner），和當時的競選經理馬納福特（Paul

Manafort），在川普長期居住的紐約川普大廈和一名俄羅斯律師祕密見了面。這可能涉嫌祕密「通俄」的消息是在一年後，川普已經入主白宮後才被爆出來的。

消息爆出後，媒體紛紛開始追問：川普是不是事先知情？但經過了一段時間，都查不出能夠證明川普通俄的證據。

不論怎麼說，在衆人毫不知情下，二〇一六年七月，民主黨全國代表大會時，維基解密突然爆出民主黨全國委員會遭駭客入侵，當時就有人認爲是俄羅斯在幕後主導；而且就在當時，川普突然語出驚人，邀請俄羅斯入侵希拉蕊的電郵系統，都讓人懷疑他和俄羅斯之間的關係。

接著，大選一個月之前，美國的情報機構正式指控俄羅斯駭客入侵，干擾美國大選。而在二〇一六年十一月九日，川普正式選上美國總統後，歐巴馬在任期的最後兩個月展開了對俄羅斯干擾大選的全面調查，調查結果稱俄羅斯確實干擾了大選，三十五名俄羅斯外交官因此事遭到驅逐。

但是就在當天，即將接任美國國家安全事務助理的弗林正巧打電話給俄羅斯大使，第二天，普丁就宣布不對美國展開報復行動。這時間點的巧合，讓弗林百口莫辯，上台二十四天就下台一鞠躬，成爲美國史上最短命的國家安全事務助理。

通俄門新聞一來，川普就改變焦點

弗林下台後，川普突然宣布召開他首場總統個人記者會（一年多後的川金會後才有他第二場個人記者會）。這記者會或許也有轉移話題的想法。川普在記者會上駁斥報導，痛批美國媒體的表現，讓眾人印象深刻。記者會上，他說得最多的字眼無非是「假新聞」了，在點到CNN記者時，川普還脫口而出，說他不再說CNN是「假新聞」，要改說他們是「非常假的新聞」。

一波未平一波又起。當時，川普的另一個下屬，當時上任不到一個月的美國司法部長塞申斯（Jeff Sessions），被爆出在國會任命聽證會上，隱瞞他大選時兩度與俄羅斯駐美大使接觸的過去，被要求下台。

這件事讓川普再次試著改變議題。他先指控歐巴馬在當總統期間，同一位俄羅斯駐美大使二十二度訪問白宮，暗將矛頭引向歐巴馬。

沒想到這次媒體風向沒變，持續對川普窮追猛打。川普突然再打出一記重拳，指控歐巴馬在大選期間「監控」他，並且罵歐巴馬是「壞人」或「變態」。這一指控最後在找不到證據下，不了了之。

急轉直下，特別檢察官的調查

不過，川普與塞申斯的關係卻因此出現惡化。美國司法部在二〇一七年五月，決定指派特別檢察官對通俄門事件展開調查。與一般檢察官相比，特別檢察官更是超越黨派而獨立存在的。原先特別檢察官需要司法部長指派，但由於塞申斯自己也捲入通俄門疑雲，所以他宣布要「利益迴避」，把這權力交給了副司法部長羅森斯坦（Rod Rosenstein）。羅森斯坦指派了曾經出任十二年FBI局長，在布希和歐巴馬手下都工作過的穆勒（Robert Mueller）來主掌調查。

這下可惹惱了川普。首先，自己的下屬竟然派人來調查自己；其次，身爲總統的他，竟然沒辦法直接開除特別檢察官。因爲按規定，誰指派特別檢察官，就只能由他開除，所以只有羅森斯坦能開除穆勒，連塞申斯都不行。換句話說，川普如果要開除穆勒，就必須先開除羅森斯坦，安排一個「聽話的」副司法部長，給穆勒找出「罪名」，才有辦法。這其間環環相扣，缺一不可，於是穆勒仍安穩地做他的特別檢察官，持續調查通俄門事件。

過了幾個月，穆勒的調查，在同年十二月一日一早，出現了一個爆炸性的進展：

弗林認罪「倒戈」，決定配合特別檢察官調查。

當天下午，川普夫婦已安排在白宮招待記者，我們一群受邀的記者，一度還想著宴會是否會取消。最終宴會仍然按預定舉行，場面也還算融洽，但仍是有些尷尬。雖然沒人敢提，但「弗林事件」明顯成了「房間裡的大象」，或者更貼切地說，是「白宮裡的大象」。

「通俄門」的調查截至二〇一七年年底，至少有四個川普競選陣營的人遭到起訴。這四個人當中，只有弗林曾在白宮任職高官，這正是川普最擔憂的事，因爲弗林清楚掌握了選前到選後的狀況，而且重點是他和白宮的高層都有所接觸。

隨著「通俄門」調查一步步逼向川普的核心圈，不少美國輿論指出，川普遭到彈劾的可能性越來越大。一時間，「彈劾」也成爲了熱門詞彙。

川普會被彈劾嗎？

從歷史經驗來看，川普距離彈劾並沒那麼近，也有可能永遠不會被彈劾。

首先，一切講的都是證據。川普的下屬是認罪了，但是不是受高層指使，需要不少時間來證明，也可能永遠無法證明。

其次，美國《憲法》規定，包括正副總統在內的官員，只有三種罪能被彈劾。一個是「叛國」，一個是「受賄」，這兩個容易理解；但最後一種，是「其他重罪或輕罪」，這就有很多爭議空間了。據悉，通俄門偵辦的方向是「妨礙司法」，這屬於具有爭議的第三種罪。

如果調查出現什麼蛛絲馬跡，或者川普涉嫌叛國或受賄，那國會議員就能以此為由，啓動彈劾程序。首先，要得到過半數的衆議院委員會支持，才能進到衆議院，讓全院四百三十五位議員表決。只要有過半衆議員支持，彈劾就告成功。

但是彈劾歸彈劾，下不下台還要經過參議院。這裡就是最困難的地方了，因為參議院會變成法庭進行審判，要有三分之二的議員認定有罪，才能迫使總統下台。就以目前美國一百個參議員，共和黨和民主黨幾乎是各占一半的情況下，這代表要有十幾位甚至是幾十位共和黨人背棄同黨的總統，才有可能迫使總統下台。

正是因為難度如此之高，所以美國歷史上，從來沒有一個總統被彈劾下台過。美國被彈劾成功過的兩個總統，第一個是十九世紀的詹森（Andrew Johnson），最近一個則是人人皆知的柯林頓，他們都因為同黨人的力挺，雖然被彈劾了，但在參議院這關沒過，所以最終都沒有下台。

總之，在美國，彈劾總統基本上不是「法律問題」，而是「政治問題」。

今日美國的縮影：下層勢力的反撲／民粹主義的崛起

通俄門的調查，也成了今日美國的縮影。

今天的美國，已經不只是左與右的分裂，還有上與下的分裂。不只兩黨看到的是不同的世界，下層的人民和上層的政治人物看到的也是不同的世界。

川普執政進入一年半，昆尼皮亞克大學（Quinnipiac University）民調顯示，認為川普在通俄門中有錯的受訪者是百分之四十二，認為他沒錯的有百分之四十三，這顯示出美國人對此事有嚴重的分裂。如果再細化到共和黨人的看法，更顯示出，高達百分之八十五的共和黨人認為川普沒有做錯，特別是沒有大學學歷的白人男性更是這樣認為。

也就是說，無論媒體爆出多少通俄門的醜聞，川普的支持者還是會選擇和他站在同一陣線。

美國近代以來，大概很少有總統一上任就如此充滿爭議，而且還一再爆出負面新聞。但，川普的民調沒有像醜聞不斷的南韓前總統朴槿惠一樣，跌到百分之十不到；或像法國前總統歐蘭德，跌到只有百分之四。川普上任一年半的時間，不要說民調沒有低於百分之三十，共和黨人對川普的支持率更始終維持在八成，甚至是九成的高點。

因爲川普通不通俄，對底層人民來說，遠不如他們對美國本身政治現狀的不滿來得重要。簡單的理解就是，美國已經不像過去我們所以爲的那樣，是個左右之爭的國度，現在處於下層的美國民衆，對上層的菁英與政治人物也充滿著不滿。美國下層的民衆想要、也需要川普這樣的領導人，因爲只有把他放在最高的位置，他才會代表下層民衆，從高處對美國兩黨政治人物都造成壓力。

川普的當選，代表著美國政治的上、下、左、右，都出現了裂痕，這和不少歐洲國家一樣。

下層勢力的反撲，可以被理解爲民粹主義（Populism）勢力的崛起。「民粹主義」這個字，其實也可以翻成「平民主義」或「大衆主義」，它並不一定是負面的字眼，而是一個「相對於菁英」的字眼。民粹主義者認爲應該由平民來主導，而不是由少數菁英來掌控。

這種情緒近幾年在歐美特別興盛的原因，就是上層的菁英和下層民衆脫了節。像是歐美支持自由主義的菁英支持全球化、廣納移民，認爲這有利於經濟的繁榮，但實際上，這卻導致下層民衆的工作流失，而菁英卻無法感同身受，導致下層的反撲。

我這些年無論是接觸或觀察到的美國共和黨民衆、英國的獨立黨、法國的國民陣線（後改名國民聯盟）、德國的另類選擇黨，以及義大利五星運動的支持者，都是如此。

拿美國來說，過去共和黨支持自由貿易、民主黨支持移民，這些都是許多下層民衆所不支持的，因此他們認爲民主或共和黨都無法代表他們，這兩個黨在他們眼裡其實都一樣，所以他們用選票表達了不滿，投給了反全球化、反移民、非傳統共和黨人的川普，或者是大力支持一樣是非傳統民主黨人的桑德斯。他們，只是一群不滿現狀，甚至是想要改變現狀，冀望翻身的下層人民。

而這波民粹主義的趨勢，和過去不同的是，它已經融入了美國與不少歐洲國家的民主機制中，而不是像過去被邊緣化。

過去的民粹主義，還是由少數善於煽動民衆情緒的人來領導，領導者消失，運動就消失了。但是現在，在融入民主機制，甚至有機會掌權之後，消亡就更難了，因爲下層人民看到他們能透過選票改變局勢，甚至翻身的可能性。

也就是說，無論在美國或歐洲，這波民粹主義的趨勢是會有延續性的。我們看到檯面上代表他們的人，是可以被替代的，眞正的重點，是檯面下這群或者是不滿現狀、或者是渴求改變現狀的人們。他們長期的不滿，正持續透過民主制度來改變我們所知道的世界。可是這群人，往往不了解現有規則的重要性，所以隨意打破秩序，也常常帶有強烈的敵我意識，對非我族類採取敵對行爲。

但是，他們也通常是眞正具有改變決心的一群人，所以會繼續推動，力求達到他們想要的目標。

無論通俄門調查的最終結果如何，川普是否面臨了彈劾的命運，都難以改變這股在美國生根的力量。

未來預想：不是候選人改變了社會，而是社會已經改變

不少人問我，萬一川普被彈劾下台了，局勢是否會徹底逆轉？我會說，很難。

假如有這種狀況發生，唯一可以確定的是，副總統彭斯將會接任總統大位，而且

如果川普安穩地度過四年或八年的任期，現年五十九歲的彭斯也會是強而有力的接替者，因為他深受共和黨大佬的喜愛，共和黨民眾也對他有良好印象。

那彭斯會是個什麼樣的總統呢？他這樣形容過自己：「我是個基督徒，是個保守派，然後才是共和黨人。」

毋庸置疑，商人出身的川普還保有一些所謂的「彈性」，但彭斯是茶黨最早的擁護者，他的「意識形態」遠比川普強烈。另外，雖然彭斯深得共和黨大佬喜愛，但由於他沒有川普的群眾魅力，所以如果他接下大位，他勢必要顧住川普的支持者，這也會讓他堅守川普那些帶有民粹色彩的貿易和移民政策。因此，彭斯治下的美國要偏離川普軌道，很難。

不過，假如下一次或下下一次大選時，共和黨敗退，選出了一名民主黨的總統呢？

假如是這樣的話，我大膽猜想：這位民主黨總統會極力推翻川普的部分政策，讓美國政府的運作再次出現混亂。而且很有可能，這位民主黨總統會像桑德斯那樣，具有民粹主義傾向，或者是擁抱民粹主義、對抗上層菁英的總統。

確實，川普改變了共和黨，但是他也改變了民主黨。民主黨為了和川普的共和黨有更大的區隔，或是爲了動員更多不滿川普的人投票，就必須訴諸更極端的策略，推出更左的政策。

實際上，在川普上台後，地方政壇陸續出現了一些跌破衆人眼鏡、支持所謂北歐式社會主義的政治素人，這些人原先都是民主黨的非主流勢力，基本上沒有當選的可能，但現在卻紛紛如黑馬般竄出。

之所以會如此，是因爲過去柯林頓時代，民主黨人所走的「中間路線」已經走不通了。今天，美國兩黨分裂狀況極度惡化，候選人開始偏離中間路線，加上美國的投票率越來越低，候選人只好積極爭取那些比較有政治熱血、意識形態濃厚的極端選民支持。政策也就自然會朝兩個極端走去。

另外，在川普如此「華麗」的政治演出後，美國選民的口味也會越來越重，需要講話刺激、採取不妥協態度、承諾會大幅改變美國政府的候選人，那些腳步穩健、想採取漸進式改變的候選人已無法吸引矚目。

其實，當初歐巴馬何嘗不是打著「改變」的旗號出線，擊敗一批老牌的政治人物？由此可見，美國選民想要看到美國出現巨大改變的心態，並不是因爲川普才出現的。

不是候選人改變了社會，而是社會已經改變，抓住這一改變契機的候選人，就會出線。

所以，我總是會告訴想了解美國的朋友：想看懂今天的美國，不能只盯著川普不放，而忽略川普背後的那群人。只要這股力量持續存在，川普之後還會有另一個川普，而這個川普只是個開端。

因此我不會只看著川普的一言一行，然後頻頻做出評論或發出批判，而是到現場去看，到現場去聽，透過川普看見他背後的那個美國，給讀者和觀眾帶來一幅更大、更全面的視野，把每個新聞的點連成線，再連成一整個面。只有這樣，才能更爲全面地了解美國，而不會對美國產生誤讀、誤解和誤判。

美國從來就是一幅複雜的拼圖，美國總統只是拼圖裡較大的一塊，還有許許多多的其他拼圖在。

每天，白宮隨行記者在貼身採訪完美國總統一整天的公開行程後，傍晚或夜裡，白宮新聞官就會通知隨行記者，今天總統的行程到此結束。於是記者就會寫信通知所有報導白宮新聞的記者，信裡會寫著：「白宮說了lid。」採訪白宮的記者們就知道可以收工了。

這個「lid」，是白宮的術語，英文原文就是「蓋子」的意思。這句話的意思就是：今天的白宮新聞到此爲止，先蓋上，第二天再打開，重新開始。

而在此，我也要說個「lid」，本書暫且到此止住，下回繼續。因爲川普白宮這齣大戲，還沒完。

總統大選時，川普屢屢批評德國總理梅克爾的難民政策。川普上任兩個月後，梅克爾終於到訪白宮，可以想見場面並不熱絡。兩人在共同會見記者時，彼此甚至沒有握手。

深受「通俄門事件」困擾的川普，在赫爾辛基與普丁見面的雙邊峰會後，兩人一起召開十多年來美俄領導人第一次的聯合記者會。川普在記者會上，打臉自家情報單位，否認俄羅斯曾干預2016年美國總統大選，讓在場美國媒體大吃一驚。我一邊聽著即時口譯，一邊留意場上場下的各種情況。

Eurasian Publishing Group 圓神出版事業機構 用心與你對話・視野無限寬廣
先覺出版社 Prophet Press
www.booklife.com.tw reader@mail.eurasian.com.tw
看世界 005

白宮義見：
首位華人白宮記者直擊！美國權力核心的眞實面貌

作　　者／張經義
發 行 人／簡志忠
出 版 者／先覺出版股份有限公司
地　　址／台北市南京東路四段50號6樓之1
電　　話／（02）2579-6600・2579-8800・2570-3939
傳　　真／（02）2579-0338・2577-3220・2570-3636
總 編 輯／陳秋月
專案企畫／賴真真
主　　編／簡　瑜
責任編輯／蔡忠穎
校　　對／張經義・簡　瑜・蔡忠穎
美術編輯／林韋伶
行銷企畫／詹怡慧・黃惟儂
印務統籌／劉鳳剛・高榮祥
監　　印／高榮祥
排　　版／杜易蓉
經 銷 商／叩應股份有限公司
郵撥帳號／ 18707239
法律顧問／圓神出版事業機構法律顧問　蕭雄淋律師
印　　刷／祥峯印刷廠
2019年4月　初版

本書圖片皆由作者張經義提供

定價 310 元　ISBN 978-986-134-339-6

在白宮這樣的新聞主戰場，我們不能只是旁觀，而是要融入。
我們不能缺席，而是要站在第一線，
讓我們的面孔被看見，聲音被聽見！

——張經義，《白宮義見》

國家圖書館出版品預行編目資料

白宮義見：首位華人白宮記者直擊！美國權力核心的真實面貌／張經義 著 . -- 初版 . -- 臺北市：先覺，2019.4
296 面；14.8×20.8 公分 --（看世界；5）

ISBN 978-986-134-339-6（平裝）

1. 美國政府　2. 政治文化

574.52　　108002030